AF227744

DE LA LIBERTÉ

DE LA PRESSE.

IMPRIMERIE DE PIHAN DELAFOREST (MORINVAL),

RUE DES BONS-ENFANS, N°. 34.

DE
LA LIBERTÉ DE LA PRESSE,

PARTICULIÈREMENT

DE LA PRESSE PÉRIODIQUE;

PAR

M. LE Cher. DE FONVIELLE,

Auteur d'un Dictionnaire des Aides, déposé aux archives du ministère des finances; ancien liquidateur-général de la régie des vivres de l'intérieur; ex-liquidateur des dépenses de l'habillement au ministère de la guerre; chef du mouvement des fonds de la dernière régie des subsistances militaires; de l'Ordre de l'Éperon-d'Or; secrétaire perpétuel de l'Académie des Ignorans.

ÉCRASEZ L'INFAME!

A PARIS,

Chez DELAFOREST, Libraire, Rue des Filles-St.-Thomas, n°. 7;
FAYOLLE, Rue du Rempart, vis-à-vis le Théâtre-Français;
Et chez L'AUTEUR, Rue Richer, n°. 5.

DÉCEMBRE 1829.

AVIS.

Cette brochure sera déposée, comme l'a été la précédente, au bureau du *Constitutionnel*, du *Courrier Français*, du *Journal des Débats*, du *Messager des Chambres* et de *la Gazette de France*.

Je ne réitère pas aux rédacteurs de ces journaux la prière que je leur ai faite le mois dernier.

Dissimuler ma nouvelle attaque contre le journalisme leur sera plus aisé que d'y répondre : ils continueront donc à se retrancher contre moi dans un prudent silence.

Cet avis n'a pour objet que de mettre les quatre premiers en demeure, en ne leur laissant pas ignorer mon ouvrage.

Vous verrez, qu'après s'être récriés à satiété contre le silence du ministère, ils ne trouveront contre moi que le même moyen d'amortir les rudes coups que je leur porte. J'espère qu'on me permettra de m'en glorifier et de prendre, vis-à-vis du public, acte de ce triomphe.

Que si ce que j'en dis ici, les forçant à changer de système, déchaînait contre moi le torrent d'injures brutales qu'ils ont toujours à leur disposition, j'espère aussi qu'on me trouvera dispensé déjà d'y répondre.... à moins que.... Mais c'est que je ne veux pas supposer.... Je leur laisse le soin de deviner pourquoi.

PROLÉGOMÈNES.

Les cris d'alarme des journaux jacobins avaient inopinément frappé d'une salutaire épouvante la faction révolutionnaire.

D'exécrables complots, tramés audacieusement à la face même du ciel, se trouvaient déjoués d'un seul coup.

Soulagée enfin du poids d'une terreur profonde, et respirant un air plus libre à la vue du choix très significatif des hommes d'honneur, de talent, de courage, appelés au ministère entièrement régénéré (1), la France fidèle avait

---

(1) Qu'on se garde d'induire, comme une conséquence forcée, de la profession de foi que je fais ici publiquement sur cet heureux événement et sur les résultats que j'en espère, qu'en s'éclipsant, les ministères antérieurs ne m'ont laissé aucun regret !

D'une part, on sait que mon amour de l'ordre et l'opinion que j'ai des devoirs qu'il m'impose, sont tels que, par raison, par caractère, je suis ennemi né de toute espèce d'opposition contre le gouvernement quel qu'il soit ; ce qui, sans rien changer à mes affections politiques, que n'ont pu affaiblir même les ingratitudes, je devrais dire la barbarie de la restauration à mon égard, me fit, il y a trente ans, inventer ce mot de *gouvernementiste*, dont j'ai reçu des complimens assez flatteurs pour m'affermir dans ma vieille croyance, qu'il mérite, en tous temps, en tous lieux, d'être adopté par les honnêtes gens, et que ceux-ci doivent plutôt s'énorgueillir que se croire offensés d'être qualifiés de *ministériels* par des factieux, ne rêvant que troubles et discordes civiles ; le *ministérialisme* n'étant qu'un corollaire naturel du *gouvernementisme* ; lequel, je le répète, est nécessairement la religion politique de tous les gens de bien.

D'autre part, je ferais une longue liste des ministres qui ont devancé ceux à qui le Roi vient de confier les rênes de l'État, et auxquels je serais loin de refuser des droits réels à l'entière confiance des royalistes, convaincu que si, malgré leurs talens et les bonnes intentions dont il m'est impossible de ne pas les croire animés, la révolution a gagné du terrain sous leur direction, cela tient à quelque cause occulte que nos passions nous empêchent de discerner, mais que je croirais pouvoir deviner, si c'était une nécessité du sujet que j'ai sous ma plume.

Un vicomte de Caux, un duc de Doudeauville, un vicomte de Martignac, un comte Portal, un comte Portalis, un comte Roy, un comte Siméon, un comte de Villèle, sont des hommes qu'on opposerait avec succès *à la révolution*, telle que l'entend le *Journal des Débats*, et qui, si rien ne contrariait leurs dispositions naturelles, suivraient, autant que tous autres, la bonne ligne qui mène droit *à la contre-révolution*, telle que je l'entends, et non point telle que l'entendent le *Journal de Paris* et tous les factieux de cette basse espèce.

D'après cette explication, je dois croire que la joie royaliste à laquelle je me suis livré à l'apparition du ministère du 8 août, n'aura rien d'offensant pour des hommes honorables dont pas un, selon moi, ne serait dans le cas de tromper le vœu de la couronne, confiant à leur dévouement la tâche, plus facile qu'on ne le croit, de tuer la révolution, ce qui est notre besoin à tous, et le besoin le plus pressant.

salué de ses unanimes transports d'amour, de joie et de reconnaissance, l'acte du 8 août, par lequel la sagesse royale
venait de se manifester si solennellement.

A ce spectacle inattendu, il n'est pas un homme de bien
qui ne se soit flatté qu'enfin il lui était permis d'espérer
que le règne des concessions au génie du désordre et de la
destruction avait cessé, et que la CONTRE - RÉVOLU -
TION, si malheureusement interrompue par l'ordonnance
du 5 septembre, allait reprendre son cours réparateur.

Dans une telle circonstance, j'ai été ce qu'on m'a vu
être pendant quarante ans, à chacune de nos péripéties
heureuses ou funestes. J'ai voulu, des premiers, payer, à
ma manière, mon tribut de sujet fidèle et d'ami vrai de
mon pays.

J'ai adressé à l'un de nos nouveaux ministres, diverses
notes ou mémoires qui me semblaient ne pas être trop indignes de l'attention du gouvernement, ayant soin de lui
déclarer positivement que je ne lui demandais rien, et que
je n'avais, en lui donnant ce gage de ma confiance, d'autre prétention quelconque que celle d'essayer d'être utile.
Je ne voulais, en effet, que satisfaire à la seule passion qui
m'anime depuis 1789, en m'efforçant de seconder un mouvement qui, fortement imprimé et contenu avec vigueur,
avec persévérance, dans sa direction naturelle, la seule
convenable (celle d'une CONTRE - RÉVOLUTION définitive), ne saurait manquer d'étouffer LA RÉVOLUTION
tombée sans résistance aux pieds DE LA RESTAURATION,
et jetée sans efforts dans la boue sanglante où, par deux
fois, la seule apparition de nos Bourbons l'avaient forcée
de se cacher... Trop heureuse la France si, dès-lors, aussi
justement appliqué qu'il le fut à faire horreur par les patriarches du philosophisme, ce cri, que toutes les bouches généreuses répèteront aujourd'hui après moi : ÉCRA
SEZ L'INFAME ! fût sorti de ces mêmes bouches, au premier pas rétrograde que firent les conducteurs malavisés du
char DE LA RESTAURATION !

L'écrit que j'offre aujourd'hui au public, commencé le 17
août, fut offert au ministre dont je parle le 25.

Il ne devait paraître au jour qu'autant que le gouvernement lui-même le croirait convenable.

A cet égard, je fis observer que si on en adoptait les conclusions, sa publicité serait plus nuisible qu'utile.

Je posai en fait, au contraire, que si on avait le dessein de ne pas aller aussi loin que je le proposais, cette publicité aurait deux avantages : l'un, de prouver aux amans DE LA RÉVOLUTION la force et la grandeur des moyens, qu'avec des ministres pénétrés de ses droits et de leurs devoirs, la royauté aura toujours pour ÉCRASER L'INFAME; l'autre, de forcer les bruyans apôtres de celle-ci à savoir quelque gré des ménagemens avec lesquels on voudrait la traiter encore si, contre mon avis, dans l'espoir de l'apprivoiser, ce que je déclarais à jamais impossible, on préférait essayer des moyens plus doux.

La réponse que je reçus aurait dû ne me laisser rien à désirer, si je n'avais cherché, dans cette communication, qu'une satisfaction d'amour-propre; mais elle eut pour moi (et je ne le cachai pas au ministre) quelque chose de pénible, en ce qu'elle me laissa le seul juge de la convenance d'imprimer ou non mon ouvrage, ne consultant que *mon intérêt personnel*.

Mon intérêt personnel ! Hélas ! il ne m'est pas arrivé une seule fois, depuis quarante ans (ceux qui ont lu mes Mémoires historiques le savent, et ma famille le sait encore mieux), de le faire entrer pour quelque chose dans les considérations qui ont dirigé ma vie entière !

Dans la longue liste de mes ouvrages, les bibliographes, qui un jour la rechercheront, ne sauraient en citer un seul pour lequel je l'aie consulté.

Jamais ma plume ne reçut ses inspirations que de mon implacable haine de LA RÉVOLUTION, de cette abominable prostituée, idole de tous les esprits dépravés, que l'infâme *Journal des Débats* vous fait régner en souveraine dans les deux grands conseils (1) de la couronne (la

---

(1) Les révolutionnaires, pressés par la conscience instinctive de la faiblesse de leur cause, de la fausseté de leurs doctrines, de l'inanité de leurs utopies, compensent ce désavantage par leur habileté à profiter de tout ce qui peut prêter secours à leur parlomanie. L'un d'eux a-t-il envisagé une question sous une face nouvelle et fourni ainsi un texte inespéré pour recommencer une dispute abandonnée, aucun des autres ne manque de s'emparer de la découverte et de l'enregistrer, pour s'en faire une arme de plus, comme une vérité qui, bientôt, devient un dogme du parti.

Pourquoi les royalistes n'imiteraient-ils pas cet exemple? Dans ma précédente brochure, j'ai démontré, par $a + b$, que la monarchie selon la Charte n'est point telle que nous l'a faite M. de Châteaubriand,

Chambre des pairs et la Chambre des députés); arrivant jusqu'à cet incroyable excès d'audace de l'asseoir sur le trône même de Charles X qui, selon lui, ne règne que par elle et ne doit plus régner qu'avec elle et pour elle.

ÉCRASEZ L'INFAME! Voilà la seule réponse à faire aux renégats qui ont pu donner impunément un scandale si révoltant.

ÉCRASEZ L'INFAME! Voilà ce que tous les honnêtes gens doivent répéter, sans jamais se lasser, toutes les fois que l'apologie DE LA RÉVOLUTION frappera leurs regards dans les colonnes des journaux jacobins, dans celui *des Débats* surtout, chez lequel cette félonie porte un cachet de lâcheté qui la rend plus insupportable.

ÉCRASEZ L'INFAME! Voilà ce que tous les journaux, tous les écrivains royalistes, doivent désormais adopter pour leur unique cri de guerre.

Désormais ils ne doivent plus nommer LA RÉVOLUTION par son nom, puisqu'elle ose encore s'en glorifier, mais L'INFAME, qui la caractérisera d'autant mieux que le *Journal des Débats* s'est mis à son service, à la suite de ce qu'il y a de plus niais, de plus sot ou de plus dépravé en politique, en morale ou en littérature.

---

qui y a vu un gouvernement représentatif, dont il a tiré de fausses et dangereuses conséquences que le parti, avec lequel il n'avait encore alors aucun rapport, n'a pas manqué de pousser à l'extrême; j'ai établi, sans aucune contradiction possible, que la Charte n'a constitué autre chose qu'un régime consultatif, d'où il serait difficile de faire dériver, sans se faire moquer de soi par un écolier de cinquième, toutes les folies bruyantes qui nous ont tant agités jusqu'ici, et auxquelles il serait temps de mettre enfin un terme.

Je me plains à *la Gazette de France*, à tous les écrivains royalistes, même au *Drapeau Blanc* et à *la Quotidienne*, quoiqu'ils aient annoncé mon ouvrage, même avec un luxe qui ajoute du prix à une faveur accordée avec tant de grâce, je me plains, dis-je, dans l'intérêt du royalisme, de ce qu'ils ne se sont pas emparés de ma démonstration pour partir dorénavant de ce point, ne plus parler dans leurs articles de polémique *contre révolutionnaire*, d'un *régime représentatif* qui, bien certainement, n'est pas celui que nous avons, et ne reconnaître en France qu'un *régime consultatif*, ce qui simplifierait beaucoup nos disputes interminables, en transportant la discussion sur ce nouveau terrain.

Il y a tout à gagner, selon moi, à effacer de notre vocabulaire ce mot *représentatif*, qui n'est qu'un contresens et un mensonge, et à lui substituer celui de *consultatif*, le seul vrai, en se renfermant dans ce que la Charte a voulu et dit, et a dû ou pu vouloir et dire.

Je reviens à mon thème. Laissé libre d'imprimer ou non mon ouvrage, je le condamnai à l'oubli.

Mais bientôt, encouragé par le silence du ministère, qu'à raison même de sa majestueuse impassibilité, je supposais, comme je le fais encore, occupé d'extirper le germe même d'un désordre si dégoûtant, la rage des trompettes du libéralisme révolta, échauffa mon imagination, et j'envoyai, le 12 octobre, mes idées sur LE DROIT D'ELECTION, au même ministre qui avait reçu mes premières communications.

Pour cette fois, je me décidai à livrer ce nouvel écrit à l'impression, quoiqu'il n'eût pas été fait pour le public, m'y trouvant encouragé par les éloges qu'obtint ce nouveau gage de mon zèle pour la cause à laquelle j'ai consacré ma vie entière : il a paru le 25 novembre dernier.

La mise au jour de la nouvelle brochure que je tire aujourd'hui de l'oubli, auquel d'abord je l'avais condamnée, est une conséquence de la publication de celle qui l'a précédée ; et, ici, je donne une nouvelle preuve de ce désintéressement absolu qui caractérisa de tous les temps mon zèle CONTRE-REVOLUTIONNAIRE, la seule passion de mon cœur.

Ce désintéressement est déjà démontré à quiconque a pris la peine de considérer d'où dérive la position dans laquelle, par choix, par conviction, par le seul sentiment du devoir d'un écrivain consciencieux, je me suis mis volontairement envers les journalistes, aux pieds desquels, depuis trente-cinq ans que j'habite Paris, j'ai vu se prosterner, non seulement toutes ces médiocrités si bruyantes qui n'ont dû et ne doivent qu'au culte de flatterie qu'elles ne manquèrent jamais de rendre au journalisme, leurs réputations plus ou moins burlesques ; mais encore des hommes supérieurs, ayant de grands, de vrais talens, qui auraient eu bien plus que moi le moyen de voler de leurs propres ailes, sans se ravaler jusqu'à quêter de tels protecteurs, en se pliant aux mœurs de la basse littérature.

Pour tout homme juste et réfléchi, il doit être évident que si je n'avais consulté que mon intérêt, il n'eût tenu qu'à moi de me laisser fabriquer une réputation ayant au moins une base réelle, et à la faveur de laquelle les libraires se seraient disputé mes ouvrages, comme on les voit cha-

que jour se disputer cette foule de niaiseries, que les journaux élèvent jusqu'aux nues, et que certain public avale
comme autant de chefs-d'œuvre, sur la foi de ces men-
teurs officieux.

Assurément, les volumes ou les brochures que j'ai lancés
dans le public, à ne compter seulement que depuis la
guerre d'Espagne, valent, j'ose le dire, et je le dis parce
que je le crois, tant d'autres productions qui ont eu une
certaine vogue, tandis que les miennes sont demeurées
ignorées du public.

D'où cela provient-il, si ce n'est de ce que les libraires
ont acheté les unes et ont eu, par-là, intérêt à mettre en
jeu tous les ressorts de leur industrie, pour en forcer la
vente; et de ce qu'au contraire les autres, pour lesquelles
je ne cherche pas même d'acheteur dans la librairie, depuis certaine époque qu'indiquent mes mémoires, n'auraient pas de lecteurs si je ne les donnais, ou si je ne m'ex-
posais pas à les donner à ceux qui trouvent trop pénible
de déranger un domestique pour m'en faire apporter le prix.

Pour les libraires, qui, d'ordinaire, n'y regardent pas
de plus près, il n'y a de bons ouvrages que ceux qui se
vendent; les seuls ouvrages qui se vendent sont ceux que
prônent les journaux : privé, par ma seule volonté, de ce
seul moyen de succès, il est clair, il est palpable que c'est
là, de ma part, un acte bien réel de désintéressement,
dont personne ne peut me dénier le tort ou le mérite.

Je le crois méritoire, en ce que la considération d'une
dépense, qu'aggravent encore les reproches de ma famille,
ne m'empêche jamais de produire au jour les vérités utiles
que certaines circonstances me font éprouver le besoin
d'opposer aux funestes erreurs dont on laisse tous les brouil-
lons, tous les esprits cornus, en paisible possession du droit
d'inonder notre pauvre France.

C'est ainsi que, durant le cours des deux dernières ses-
sions de nos Chambres *consultatives*, j'ai, successivement,
fait distribuer *gratuitement*, à tous les membres de chacune
d'elles, trois brochures dont la dernière, publiée aux ap-
proches de la discussion sur la loi relative à la presse actuellement en vigueur, m'a fourni la citation qui termine
mon ouvrage distribué en novembre dernier.

C'est ainsi également que, quoique n'ayant jusqu'ici

obtenu d'annonce pour ce dernier écrit que de la part du *Drapeau Blanc* et de *la Quotidienne*, les autres journaux royalistes se consultant encore sans doute pour savoir s'ils m'accorderont ou non la même faveur que je me défends de payer, ne voulant la devoir qu'à l'utilité de mon ouvrage qui leur fait un devoir de le recommander à leur public; c'est ainsi, dis-je, que j'emploie pour ma présente brochure le même moyen de publicité que pour la précédente (une distribution à domicile faite à des lecteurs de mon choix), sans me laisser décourager par la nouvelle expérience que je viens de faire des effets de cette paresse humaine, si difficile à stimuler, et à laquelle, encore cette fois, j'aurai à reprocher la perte, qu'en dernière analyse, je puis déjà prévoir que j'aurai à subir sur mes frais d'impression.

Quinze jours à peine se sont écoulés depuis mes dernières distributions, et bien des gens peut-être me blâmeraient de pressentir sitôt un résultat si contraire à la plus simple probabilité rationnelle, mes envois n'ayant été faits qu'à des personnes de distinction, pour qui le prix d'une simple brochure est de la dernière insignifiance.

Mais ma conjecture est assise sur la connaissance que j'ai du cœur humain; elle ne peut me tromper, d'autant plus que j'ai affaire à des royalistes, et que personne n'ignore combien le royalisme est tiède sur tout ce qui le touche, trop confiant qu'il est sur la bonté de sa cause, qu'il croit nonchalamment pouvoir laisser se défendre elle-même, tandis que le libéralisme est tout de feu pour défendre la sienne, et n'abandonne jamais ceux qui la servent, même avec un faible talent, bien convaincu que cette cause artificielle a besoin d'un appui continu pour ne pas tomber tout à plat, comme elle le ferait, si elle était un instant abandonnée à sa propre faiblesse.

Je suis certain qu'il n'est pas un de mes lecteurs dont la première idée n'ait été de m'envoyer son petit contingent : mais celui qui n'a pas converti cette velléité en une résolution ferme, exécutée à l'instant même; celui qui a renvoyé au lendemain pour un soin aussi minime et pour un intérêt si mesquin, aura bientôt perdu cela de vue; et si le souvenir lui en est revenu plus tard, il l'aura repoussé, craignant d'y trouver un reproche.

Il est possible que le sort de cette brochure soit plus heureux que celui de la précédente, cela est même assez probable, car elle est de nature à servir à l'autre de moyen de rappel. Quoi qu'il en puisse être, je me tiens pour très satisfait d'avance du résultat quelconque qu'aura ma nouvelle distribution.

Je remercie ceux de mes honorables lecteurs qui, pour celle qui l'a précédée, ont bien voulu m'envoyer leur cotisation volontaire ; je leur fais surtout mes excuses de les remettre sitôt dans le cas de prendre cette peine une seconde fois.

A l'égard des autres, je leur réitère ma prière de communiquer à leurs amis l'exemplaire que je tiens à honneur de mettre entre leurs mains, persuadé que, s'il a le bonheur d'obtenir leur suffrage, ils aimeront à le répandre dans le cercle de leurs relations familières.

Tous les honnêtes gens, ce me semble, me doivent leur secours ; j'ose donc compter sur le leur contre la lâche combinaison du journalisme, lequel, attaqué par moi corps à corps plus directement, plus spécialement qu'il ne l'a jamais été nulle autre part, ni par moi ni par d'autres, même dans l'*Essai sur le journalisme*, de mon honorable ami, le savant Delile de Sales, de si honorable mémoire, se sentira pressé, plus vivement encore que pour mon écrit précédent, de dérober au public la connaissance d'une provocation si directe à un combat à mort, et ne répondra à cette provocation que par son silence, craignant trop de contribuer, en ayant l'air d'accepter mes défis, à répandre une brochure qui bientôt trouverait partout, dans les départemens comme à Paris, d'innombrables échos qui, adoptant son cri de guerre, ne cesseraient de crier avec elle : ÉCRASEZ L'INFAME ! ÉCRASEZ L'INFAME ! ÉCRASEZ L'INFAME !

DE
LA LIBERTÉ DE LA PRESSE,
PARTICULIÈREMENT
DE LA PRESSE PÉRIODIQUE.
DÉMONSTRATION
DE L'IMPOSSIBILITÉ DE NE PAS APPORTER UN PROMPT REMÈDE A SES ABUS ;
ET RECHERCHE
D'UN MOYEN DE FAIRE CESSER LA LICENCE EXTRÊME DES JOURNAUX, EN ATTENDANT QU'UN REMÈDE RADICAL PUISSE Y ÊTRE APPLIQUÉ LÉGIS-LATIVEMENT (1).

« Le Roi ne peut pas toucher au régime actuel
» de la presse.

» Toute mesure préventive, de ce qu'il plaît aux
» ultra, aux pointus, d'appeler la licence des jour-
» naux lui est interdite.

» Aucune espèce de censure n'est possible au-
» jourd'hui ; il y aurait folie à y songer.

» Si on avait cette témérité, un journaliste pour-
» rait impunément refuser de s'y soumettre ; et ils le
» feraient tous, l'exemple d'un seul suffisant pour

---

(1) Nous donnons, sans aucun changement, cet ouvrage tel qu'il a été envoyé à un de nos nouveaux ministres, le 28 août. Cet avertissement ne doit pas être perdu de vue. Le 28 août, nous n'avions pas encore établi, comme nous l'avons fait le 12 octobre, dans une brochure publiée le 25 novembre, ce qu'est le gouvernement que la Charte nous a donné. Nous l'entrevoyons, nous le faisons presseutir dans celui-ci ; nous le découvrons clairement dans l'autre, qui lui est postérieur, et nous le démontrons mathématique-ment.
N. N.

I

» y déterminer tous les autres; car aucun tribunal
» ne trouverait aucune peine à leur appliquer, en
» présence de la loi existante, du moins pour ce
» seul fait de désobéissance *légale* à un simple
» acte du bon plaisir.

» Reste ensuite à savoir si les chambres consen-
» tiront bénévolement à ce qu'une loi d'esclavage
» succède à la loi de liberté qui nous régit; et sur-
» tout si elles consentiront à rendre au Roi la facul-
» té de rétablir la censure, à laquelle il a formelle-
» ment renoncé. »

Tels sont les discours de nos libéraux, depuis
qu'un nouveau ministère est venu troubler leur
cerveau.

Tels sont les misérables sophismes par lesquels
ils s'efforcent d'affaiblir l'espoir d'un prochain retour
au bon ordre, qu'ont conçu les hommes restés fidèles
au Roi et au bon sens, à l'apparition d'un ministère selon leur cœur. Viennent, après cela, les
menaces, les prétendues conséquences d'un *régime
arbitraire* que la *France nouvelle* ne saurait ni
comprendre ni supporter, et dont le refus du paiement des impôts ferait prompte justice, etc, etc.

Il ne faut que connaître un peu l'histoire de nos
longues tourmentes pour sentir le vide de ces rai-
sonnemens et le ridicule de ces menaces.

Ne leur accordons pas l'honneur d'une réfuta-
tion : bornons-nous à donner un précis rapide de
l'histoire du journalisme, depuis que l'imprudent
abandon de nos anciennes lois sur la librairie a dé-
chaîné sur nous ce fléau des sociétés modernes.
Toutefois, prions qu'on nous permette de faire
précéder cette esquisse commémorative par quelques questions, auxquelles nous nous abstiendrons
de répondre nous-mêmes, abandonnant ce soin à
la conscience de nos lecteurs.

QUESTIONS PRÉPARATOIRES.

Nous osons d'avance poser en fait qu'il n'est qu'une réponse possible à chacune des questions qui vont suivre, de la part de tout homme de bonne foi mettant la main sur sa conscience, quelles que soient d'ailleurs, ou ses opinions, ou ses affections, ou sa position politiques.

Est-il vrai que le gouvernement *représentatif* (laissant de côté la question de savoir si tel est ou non celui que nous a octroyé Louis XVIII) impose, comme l'une de ses conditions, la publicité des discussions des intérêts de l'état; d'où s'est engendré ce bavardage politique dont nous sommes assourdis depuis quinze ans?

N'est-il pas vrai plutôt que, si les membres de nos deux chambres (ce qu'il est assurément impossible de leur accorder) étaient des *représentans* de ceux qui les nomment, ce qui serait absurde et ne saurait constituer une *représentation nationale*, puisque les uns sont nommés par une extrêmement petite fraction de la population et ne *représenteraient* que cette fraction, et les autres le sont par le Roi et ne peuvent, par conséquent, *représenter* personne; du jour où ces *représentans* seraient réunis, un mutisme absolu devrait être imposé aux *représentés;* rien n'étant plus absurde que d'imaginer que ceux-ci puissent exercer une double influence dans l'état et manifester, à-la-fois, dans le même moment, et pour le même objet, deux volontés, deux avis, identiques peut-être, ce qui rend inutile l'une des deux manifestations, mais peut-être aussi plus souvent opposés, ce qui établirait, entre *le représentant* et *le représenté* un conflit qui, selon l'intensité de cette dissidence, annulerait l'autorité du premier et, par conséquent, ne ferait de ce système tout-à-fait idéal, qu'un mensonge légal, une grossière déception, une amorce pour ameuter toutes les passions ennemies du repos public, une source de haines, de débats, de troubles et d'orages ?

Qu'on nous permette de descendre un moment de ces hauteurs pour rentrer dans la vie commune, que chacun connaît un peu mieux que celle des états. Un notaire, offrant à un procureur fondé la plume pour signer, en cette qualité, un acte quelconque, ne la lui retirerait-il pas à l'instant, pour la présenter à son constituant, si celui-ci venait à entrer dans son étude au moment de signer cet acte ?

Pourquoi cela ? n'est-ce pas, parce qu'un *représenté* et un *représentant* ne peuvent co-exister, co-délibérer, co-résoudre, ni par conséquent co-agir simultanément, dans le même moment et pour la même affaire ; et parce que le *représentant* s'évanouit aussitôt que le *représenté* se montre et se fait entendre, au lieu de se tenir à l'écart pour laisser agir celui qui a reçu son mandat ?

Les membres de nos deux chambres sont-ils autre chose, les uns, que les députés de notables qui eux-mêmes n'ont aucun titre pour représenter le reste de la population, mais, comme simples députés, (1) n'étant assujettis à aucun mandat spécial,

---

(1) On aurait mieux fait peut-être de les appeler *des élus*, et la France un pays d'élections, ce qui n'eût pas été nouveau, pour elle, en matière d'impôts.

caractère distinctif de la représentation, et n'ayant rien à proposer, leur mission se bornant à donner leur avis sur les propositions de la couronne; et, les autres, que les chefs des familles les plus distinguées, auxquels, en récompense perpétuelle de leurs services passagers, la munificence du prince a conféré le droit héréditaire de lui donner, ou à ses successeurs, de semblables avis?

Si, pour éclairer sa sagesse, l'autorité royale a cru devoir s'environner de tant de conseillers; si elle a cherché, dans les formes les plus solennelles et dans l'intérêt matériel d'un grand nombre de familles privilégiées, une garantie de la prudence, de la loyauté et de la bonté des conseils qu'elle en recevrait, conçoit-on qu'on ait osé conclure, de cette libéralité du pouvoir royal, de ce gage touchant de son ardent désir d'assurer le bonheur des peuples, que le gouvernement monarchique des descendans de saint Louis et de Louis XIV a changé de nature; et que, dès-lors que Louis XVIII y a ajouté un rouage, d'après lequel nous aurions une idée plus juste de ce régime si on lui donnait la qualification de *régime consultatif*, ce droit de conseil conféré à deux chambres, avec des restrictions et des formes préservatives, pour qu'il ne puisse dépasser de certaines bornes, appartient aussi, en dehors de ces chambres, mais, pour cette fois, sans mesure, sans limites, sans précautions, sans conditions, à quiconque voudra s'ériger en précepteur de politique, en censeur du gouvernement?

N'est-il pas évident que si, comme nous l'avons prouvé, le *régime représentatif* impose le mutisme politique *aux représentés*, leurs *représentans* ayant seuls la faculté de vouloir et de penser pour eux; à plus forte raison, le *régime consultatif* exclut-il ce droit de conseil prodigué à la masse entière de la population, et le renferme-t-il en en-tier dans le sein de deux chambres auxquelles le prince a jugé utile de le conférer pour le bien de ses peuples?

De cette vérité palpable, démontrée à la manière des géomètres et à laquelle on ne saurait opposer que des phrases déclamatoires, ne s'ensuit-il pas que le système turbulent de nos idéologues est renversé de fond en comble?

Est-il possible de leur accorder, qu'à l'aide d'un journal, quelque pervers, quelque sot, quelque fou qu'il puisse être (et parmi nos écrivains brouil-lons, parmi surtout ceux qui sont sortis hier des bancs de la nouvelle école, vous compteriez par centaines ceux qui sont tout cela au suprême de-gré), le premier venu ait le droit d'établir au sein de la cité une chaire publique de déraison, de mensonges et de diffamations?

Peut-on, comme eux, concevoir sans effroi la société livrée sans défense à la merci du cynisme d'un méchant écrivain qui, se sentant lui-même incapable de se faire écouter, si ce n'est à force de scandale, en a pris son parti et n'a pas reculé de-vant ce cri de sa conscience?

Comment imaginer que des hommes d'état aient cru n'avoir à offrir à cette société, dont le sort était entre leurs mains, d'autre préservatif contre une nuée de factieux résolus à la bouleverser, d'autre réparation du ravage que fera chaque jour dans son sein la libre circulation des prédications les plus anarchiques, que la punition, quelquefois dispu-tée avec une effronterie plus révoltante encore que le délit lui-même, souvent plus qu'incertaine, mais toujours trop lente ou trop douce, de quelques-uns de ces énergumènes pris comme au hasard dans la foule, et livrés, dans le vain espoir d'en imposer à leurs pareils, non pas aux cours d'assises (on ne l'a pas osé à la vue du désordre que ce système repoussant a jeté dans tous les esprits!) mais aux tribunaux correctionnels?

Qui ne sent que ces tribunaux, renfermés dans le cercle étroit qu'a tracé autour d'eux une pénalité effrayante par sa timidité, empreints, sans s'en douter, de son esprit, comme seuls responsables à une fausse opinion publique, qui seule a la parole haute, du sort de ceux que cette opinion fantasmagorique appellera ses martyrs, n'appliqueront le plus souvent qu'une peine insignifiante au délit le plus punissable, puisqu'il attente à la vie du corps social; et que, n'ayant aucun moyen d'atténuer les conséquences de ce même délit si dérisoirement châtié, ils le laisseront suivre son cours naturel, en sorte que ses effets contagieux continueront à se faire sentir, même après que, par une fiction mensongère de la loi, le corps social sera réputé en avoir reçu une réparation suffisante?

Si ayant, dès l'abord, ou cru ou feint de croire qu'un roi de France, en modifiant la forme de son gouvernement, s'était dépouillé des droits de sa couronne; oubliant que ni lui ni ses successeurs n'ont ni ne sauraient avoir, en aucun temps, le pouvoir d'y porter la plus légère atteinte; si, disons-nous, des rêveurs insensés ou perfides ont eu l'air de considérer comme un aveu tacite de la légitimité de leurs prétentions monstrueuses le silence imprudent gardé depuis quinze ans (1) sur les

---

(1) Ce silence n'a pas été aussi absolu qu'on peut le croire. *Ma Théorie des factieux dévoilée et jugée par ses résultats* a, dès 1815, disputé assez vigoureusement le terrain au libéralisme. Depuis lors, les *Mémoires de mon Académie des Ignorans,* et plusieurs autres écrits en vers ou en

théories tracassières qui leur servent de base ; s'en-suit-il que la vérité ait perdu le droit de réclamer contre les usurpations qui, n'importe par quelle cause, ont prévalu momentanément ?

En matière de gouvernement, d'intérêt social, de maximes d'état, d'ordre public et de bonheur des peuples, peut-il y avoir prescription en faveur de cette erreur contre la vérité ?

Parce qu'une faute aura été commise, ceux qui en auront souffert ne seront-ils pas reçus à en de-mander la réparation ?

Ceux qui en auront profité pourront-ils s'en pré-valoir pour qu'on y persévère ?

Devra-t-on se laisser imposer cette persévérance qui, en certains cas, pourrait arriver jusqu'au sui-cide, par des vociférations factieuses intéressées à repousser la réparation de la faute commise, et par la peur des conséquences que, selon ces cris mena-çans, devrait avoir cette réparation ?

Au moral comme au physique, s'il est incontes-table que le passage du bien au mal n'entraîne et ne peut entraîner que des conséquences fâcheuses, peut-on attendre du retour du mal au bien autre chose que des conséquences contraires et la cessa-tion du malaise que cause le premier, lorsque cette cause a cessé ?

Serait-il vrai, d'ailleurs (ce qui n'est pas, sur-tout en présence des faiseurs de révolutions, les plus lâches des hommes dès que, fermant l'oreille à leurs clameurs, on les regarde d'un œil sévère,

---

prose, et notamment mon *Appel au bon sens*, n'ont pas été inutiles pour protester contre les exigences du siècle. Mais comme j'y ai fait principalement la guerre au journa-lisme, il s'en est vengé par un silence qui a nui à la pu-blicité de mes écrits.

leur montrant une volonté ferme de les soumettre au frein *de l'ordre*, non pas de cet *ordre* LÉGAL qui prête au besoin son large et commode manteau à toutes les fureurs, à tous les crimes, à toutes les tyrannies; de cet *ordre légal* au nom duquel nous avons vu assassiner Louis XVI *juridiquement* et décimer *légalement* la fleur de la population de notre belle France; mais *de cet ordre* invariable, *de cet ordre* à l'abri des erreurs et des passions humaines, *de cet ordre*, en un mot, tel que la raison éternelle en a créé les élémens); serait-il donc vrai, disons-nous (ce qui n'est pas, il faut le répéter), que quelque effort, même pénible, fût nécessaire pour rentrer dans les voies du bon sens, qui ne veut pas que la raison des peuples puisse être chaque jour, sans relâche, en tous lieux et à tout instant, exposée à subir l'influence pestilentielle d'une corruption dogmatique, à laquelle travaillerait avec une infatigabilité diabolique une légion presque innombrable d'écrivains inspirés par l'enfer et acharnés contre ce qu'il y a de plus sacré parmi les hommes, leurs mœurs, leurs affections, leur repos domestique, leur gouvernement, leur religion, en un mot, leur bonheur qui dépend de toutes ces choses; s'ensuivrait-il qu'il faudrait s'abstenir de vouloir ce que veut le bon sens et de lui donner ce qu'il veut?

Pourrait-il se prétendre sage le gouvernement qui écouterait ainsi des calculs ou des conseils timides, lesquels, décélant sa faiblesse, rendraient aux méchans leur audace, qui s'éteindrait bientôt, au contraire, dès qu'il se montrerait à eux armé d'une volonté forte pour comprimer leur malveillance?

Lui peut-il être permis, quel qu'en soit le prétexte, de donner, par-là, le dangereux exemple de fouler aux pieds lâchement les notions les plus simples du juste et de l'injuste?

Par respect pour sa dignité, et aussi pour rappeler aux peuples ce qu'ils lui doivent de dévouement et d'abnégation pour l'aider à remplir sa tâche, ne doit-il pas attacher la justice à toutes ses actions et ne se refuser à rien de ce qu'elle commande, sans considérer ce qu'il pourra lui en coûter pour remplir ce devoir?

Parmi nos érudits du temps qui court, s'en trouverait-il un seul qui osât réfuter ce que dit, à ce sujet, Grotius, *de jure belli ac pacis*, liv. II, cap. XXIV, §. V, art. 1, 2, 3?

Il n'admet pas que la considération d'un danger, réel ou supposé, puisse détourner de ce qui est juste, pas plus qu'il ne permet une injustice, en considération de son utilité et du profit qu'en pourrait retirer celui qui s'en rendrait coupable; il cite le mot par lequel Aristide fit rejeter par le peuple d'Athènes une proposition ayant ce double caractère d'injustice et d'utilité : or, est-il juste et peut-il être utile de livrer tous les gens de bien au tourment insupportable du dégoût qu'ils éprouvent à la vue des désordres qu'a enfantés et qu'accroît chaque jour la licence effrénée de la presse; licence épouvantable qu'on ose qualifier du nom de liberté?

Est-il juste, et à quoi peut servir qu'un père de famille qui attache le prix qu'elles valent à l'innocence de ses filles, aux sages opinions, à la bonne conduite de son fils, éprouve un saisissement de crainte à l'apparition dans sa maison d'un livre qu'il ne connaît pas; et que, si sa famille lui en demande la lecture, il se voie forcé d'interrompre ses travaux nourriciers, pour le lire lui-même, exerçant ainsi, malgré lui, une sorte de magistrature littéraire; tandis qu'il lui serait si commode et si doux de trouver, comme autrefois, dans l'approbation du chef de la justice, imprimée à la fin de ce livre, un motif de l'abandonner avec sécurité, et sans autre examen, à sa femme et à ses enfans?

Par quelles déclamations étourdissantes nos sophistes parviendront-ils jamais à persuader à un homme sensé que ce que nous venons de dire sourit à tort à son cœur honnête; et qu'une censure raisonnable, confiée à d'honnêtes gens, n'est pas un besoin impérieux pour toutes les familles, et par conséquent un devoir rigoureux pour la royauté, plutôt que, comme le disent nos libéraux, elle ne serait qu'une violation de nos libertés?

Nos libertés !... nos libertés (puisque, comme eux, il faut les mettre en paquets ou en bottes sans les compter, car autrement il faudrait d'abord savoir où s'arrêter et par où commencer), consistent-elles et peuvent-elles consister dans cette rage de dénigration journalière qui s'attache à détourner la confiance des sujets du Roi, de ceux auxquels ce père de la patrie a confié les rênes de son gouvernement?

N'est-ce pas le contre-sens politique le plus pitoyable que de vouloir que le phrasier le plus ignare, affichant l'assurance la plus burlesque devant son sot public, qu'il traite en véritable enfant, avec toute la morgue d'un pédagogue chargé de penser pour ceux qui le payent, puisse régenter les ministres de tous les pays? se donner l'air de connaître les affaires de l'univers mieux que ceux qui en ont dans les mains tous les ressorts cachés? s'attacher avec encore plus d'acharnement à ceux de son pays? ne trouver absolument rien dans aucun de leurs actes qui soit digne de son approbation? leur prêter des intentions qu'ils ne peuvent avoir? dénaturer tout ce qu'ils disent? contrarier tout ce qu'ils font? enfin, semant partout l'inquiétude et les défiances, fomenter un mécontentement qui, attisé chaque jour par une frénésie croissante de moment en moment, par l'effet de son excès même, rendrait le fardeau du gouvernement impossible à supporter, même à des anges aidés de toute la sagesse, de toute la science, de toute la force d'en haut, si Dieu daignait nous en envoyer pour nous retirer du bourbier où nous sommes, grâce aux bruyans inventeurs des beaux systèmes qui nous ont coûté tant d'or, tant de sang et de larmes ?

Ce que nous venons d'entendre depuis le 9 août, ne vient-il pas renforcer les démonstrations que nous avons données de la nécessité d'une censure, seule capable de prévenir tant de scandale ?

Faut-il que ce besoin ne soit pas satisfait, parce qu'une loi, trop imprévoyante, trop imprudemment confiante dans la retenue que leur propre intérêt commandait aux partis auxquels on en a fait la concession, ne l'a pas supposé possible (1) ?

Se pourrait-il que le Roi de France, auquel cette loi serait démontrée être la source de tous les embarras de son gouvernement, et ne pouvoir continuer d'exercer son influence destructive, sans

-----

(1) A l'avènement de M. de Villèle au ministère, je lui dis dans son cabinet : *que je ne concevais pas de gouvernement possible avec une liberté de la presse telle qu'il l'entendait.* — « Pardonnez-moi, pardonnez-moi; vous vous trompez, vous vous trompez. » Telle fut sa réponse. L'événement a prouvé, je crois, que c'était lui qui se trompait.

Transportez-moi à Pekin ; et, avec la mission de détruire le gouvernement de ce peuple immuable que sa grande muraille sépare du reste du monde; donnez-moi, pour unique moyen d'opérer ce grand œuvre, une liberté de la presse comme celle qu'il nous faut subir à Paris; et je me fais fort de détrôner, en quatre ou tout au plus cinq ans, l'empereur de la Chine.   N. N.

compromettre l'existence même de la monarchie; ayant bien constaté l'indispensable nécessité d'en tempérer l'action funeste; reconnaissant et mesurant, dans toute son étendue, le devoir qui, dès-lors, lui serait imposé, et ne voulant pas reculer devant lui; n'eût pas le droit de remplir ce devoir? que désarmé de toute autorité, privé de toute volonté, déchu de toute indépendance en présence d'un désordre affreux, il fût réduit à contempler, muet et inactif, ce désordre meurtrier s'accroissant chaque jour avec l'audace de ses auteurs enhardis par l'impuissance du trône dont ils conspirent la ruine? enfin que, ne pouvant y porter remède, parce que les chambres ne seraient pas là pour les aider, et ne pouvant sauver l'État sans elles, il fût forcé de le laisser périr, plutôt que de se rappeler qu'il est le père de ses peuples qui n'attendent que de lui seul leur bonheur dans les temps de calme, leur salut dans les jours de péril; et de chercher, dans son autorité suprême, devant laquelle trembleront toujours les hommes de mauvaise volonté, le moyen de ramener la confiance et la sécurité dans tous les cœurs, en protégeant la liberté des gens de bien contre la licence effrénée des méchans?

De quelques sophismes que ceux-ci pussent essayer de colorer leur prétention à se maintenir dans la position où les a placés la loi dont il s'agit, jusqu'à ce qu'une autre loi la remplace; surtout pour soutenir que le Roi ne peut plus rétablir la censure, à laquelle, selon eux, il aurait renoncé *irrévocablement* (1); n'est-il pas évident que le Roi

______

(1) Les libéraux doivent rayer ce mot de leur vocabulaire. Rien n'est *irrévocable* dans leurs actes, dans leurs discours, dans leurs doctrines, dans leurs affections, dans

peut tout ce qu'il doit; et que, si tel est son devoir, qu'une modification, jugée indispensable à la liberté de la presse, y soit apportée sans retard, son urgence étant démontrée telle qu'il y aurait péril à la retarder jusqu'à la rentrée des chambres; il a le pouvoir de prendre provisoirement, même définitivement, au gré de sa sagesse, les mesures qu'il jugera les plus propres à ramener dans son royaume la tranquillité, qu'il est de son devoir d'y maintenir, et qu'a profondément troublée une loi dont une triste expérience n'a que trop et pendant trop long-temps mis en évidence les effets désastreux ?

Se pourrait-il que pendant vingt-cinq ans, ne se lassant jamais de courber une tête docile sous le joug qu'on lui présentait, quelque pesant, quelque insultant, quelque ignominieux qu'il ait pu être, la France se soit accommodée de toutes les métamorphoses que se sont avisés de lui faire subir tous les tyrans qui, pendant ce long interrègne, l'ont torturée de mille manières? Se pourrait-il, qu'au gré de leurs caprices, tous ces tyrans aient pu, du soir au matin, changer ses formes politiques, toutes les fois que cela leur a plu? En ce qui concerne la presse particulièrement, se pourrait-il que, tantôt un décret au nom du peuple souverain, tantôt le simple arrêté d'un despote l'aient fait passer, sans jamais lui arracher un murmure, ou même un cri d'étonnement, de la licence à l'esclavage et réciproquement? et que ce soit précisément vis-à-vis de son roi légitime que, changeant tout-à-coup de mœurs, elle se raviserait aujourd'hui, et repoussé-

---

leurs répugnances, dans leurs sermens : l'histoire de leurs variations sera, un jour, curieuse et instructive. Quant aux droits des rois de France, aucun d'eux ne peut se permettre d'y renoncer *irrévocablement*.

rait les bienfaits que lui offrirait la sagesse de ce roi bien-aimé, éclairée par l'expérience?

Une telle idée peut-elle entrer dans une tête saine?

Un Français, digne de ce nom, peut-il admettre la supposition d'un phénomène si extraordinaire; et cette supposition elle-même ne serait-elle pas une insulte pour toute la nation?

Nous ne poussons pas plus loin nos questions. on a déjà sans doute pressenti quelle serait notre réponse à chacune d'elles, si on nous en faisait la demande; mais nous nous sommes excusés de ce soin, pour le laisser à nos lecteurs; nous les livrons à leur conscience, et sans nous inquiéter de ce qui en résultera, nous passons à d'autres objets.

———◆———

ESQUISSE RAPIDE

Des variations de la législation sur la presse, depuis quarante ans, et de leurs effets (1).

Si depuis quarante ans (l'époque actuelle exceptée, parce qu'il y a remède pour éviter un dénouement semblable), la France a subi quelquefois le fléau de la liberté absolue de la presse, ce n'a jamais été que lorsque les gouvernemens qui se sont succédé durant cet intervalle, ont été sur le point de céder la place à un autre, et à l'époque même de leur décadence, que cette liberté meurtrière a préci-

---

(1) Ceci nous mènerait bien loin, si nous voulions traiter à fond un aussi vaste sujet! nous nous resserrerons beaucoup afin de n'en dire que ce qui sera indispensable pour amener les réflexions dont nous croyons utile de faire précéder les propositions qui termineront cet écrit, et pour établir la convenance de ces propositions.

pitée pour amener rapidement la catastrophe qui les a renversés.

Sous chacun de ces gouvernemens, les restrictions à cette liberté ont toujours été en raison de leurs efforts pour s'affermir pendant leur courte virilité : le relâchement des entraves mises à la licence des écrivains, qui bientôt ont fini par les renverser, a précédé de très peu leur décrépitude et leur mort.

Sous la constituante, à l'abri de la déclaration des droits de l'homme, quel spectacle n'offrit pas la liberté de la presse ! d'autant plus effrayante pour les hommes de bien, que, succédant au régime réglementaire de notre librairie, nous n'avions nulle idée d'un scandale si loin de nos mœurs, quoique M. de Malesherbes eût commis l'énorme faute (1), dont il a été si cruellement puni, de se

---

(1) Souvent une faute énorme touche de près au crime ! Aux yeux de nous tous, gens honnêtes, M. de Malesherbes fut et sera toujours l'un des hommes les plus vertueux de son temps. Mais qui nous dira que la justice de Dieu a été aussi indulgente envers lui que la justice des hommes, et que sa mort affreuse n'entra pas dans les desseins de la Providence, pour avertir les hommes d'Etat de ce qu'il doit leur en coûter, s'ils laissent déchaîner au milieu des peuples l'impiété et l'esprit d'insubordination ? Et Louis XVI ! ce roi si bon, si juste, auquel l'Eglise n'a peut-être que trop tardé d'ériger les autels qu'attend la mémoire de ce saint martyr ! qui nous dira que Dieu, en le frappant par la main des plus exécrables brigands, n'a pas voulu montrer où peut aller la bonté des rois arrivée jusqu'à la faiblesse ?... Ah ! une histoire de nos massacres, écrite avec l'esprit d'observation et de philosophie religieuse qu'elle imposera à qui voudra nous la donner, prouvera, à chaque page, que la guillotine n'a été, dans la main de Dieu, qu'un instrument pour faire éclater sa justice !... Notez bien que je parle ici de la justice de Dieu, qui n'a rien de commun avec celle

laisser séduire par nos philosophes, et d'introduire sous leur dictée, dans la législation de la librairie, la tolérance philosophique, qui, sous son ministère, était la maladie du jour et prépara la révolution.

Remarquez cependant qu'il est aisé de compter les journaux qui s'imprimaient à cette époque. Ils arrivaient à peine à trente; tandis, qu'à l'époque où nous sommes, Paris seul en fournit au-delà de trois cents. Nous reviendrons sur cette remarque.

Il est vrai que, parmi ces journaux, il en était dont le seul titre révolterait aujourd'hui les oreilles pudiques de nos révolutionnaires de salon, tels que *le Père Duchêne*, avec lequel pourtant, si vous y regardez de près, vous trouverez qu'un certain *Album* et presque tous nos petits journaux ont une grande analogie; *les Hommes libres*, si bien surnommés le journal des tigres, et non moins bien continué par leur héritier en ligne directe, *le Constitutionnel*, etc. Mais on n'en était alors qu'à l'attaque directe du trône; celle de l'autel n'était encore que d'un intérêt accessoire et seulement un moyen de plus. Cependant, je doute fort que, dans leur ensemble, tous les journaux, tous les pamphlets révolutionnaires de ce temps-là, réunis, renfermassent autant de venin anti-religieux et anti-monarchique que cinq ou six de nos petits journaux qui ont quintessencié cette drogue pour la rendre moins rebutante, tromper les niais qui n'y voient que des pointes pour faire rire, et en obtenir plus d'effet sous un moindre volume.

En dernier résultat, libres de toute répression, comme l'exigeait le but de la faction dont ils étaient

---

des hommes, et d'après laquelle tel qui nous semble sans reproche... Je n'ose achever d'écrire toute ma pensée.   *

l'organe, tous ces journaux atteignirent promptement leur but.

Sous la législative, ils conservèrent la même liberté; la cour n'ayant rien fait pour y remédier, leur licence alla croissant sans cesse, jusqu'à ce qu'enfin arriva la convention, sous laquelle s'écroula le trône, sous laquelle périt Louis XVI, victimes l'un et l'autre de cette liberté de la presse après laquelle bailleront les factieux de tous les temps et de tous les pays, sachant bien jusqu'où va son action corrosive si favorable à leurs desseins, mais qui sera toujours, pour les hommes de bien une idée monstrueuse et un objet d'effroi.

Nous voici en présence de la Convention.

Oh! ici ne cherchez plus la liberté de la presse!

On vous dit bien que tout est libre; on écrit sur toutes les portes : *Liberté ou la mort!* même sur celles où l'on écrit aussi : *Propriété nationale à vendre* (ce qui vient de ce qu'on entend la liberté de ce temps-là de manière à ce que le propriétaire de cette maison n'ait pas pu se permettre de la quitter pour fuir des assassins et pour aller dormir en paix dans un pays voisin, en attendant la fin de ce délire); mais si votre journal ne chante pas tous les matins les louanges des voleurs et des assassins qui ont déserté les bois pour faire plus commodément leur métier dans les villes, travestis en municipaux, en membres du comité ou du tribunal révolutionnaires, en gardiens de scellés, en dénonciateurs des aristocrates, des agens de Louis XVIII et de Pitt et Cobourg; si vous vous y permettez le plus pauvre petit mot pour rire sur le comité des recherches, sur le comité de salut public, sur le plus mince des héros de la sainte montagne, même sur un de ces proconsuls envoyés dans les départemens pour y entretenir le feu sacré ; la mort seule expiera ce crime irrémissible, ce crime de lèse-nation.

Avec des moyens si doux, on est sûr de n'être jamais contredit; on ne peut pas manquer d'avoir toujours raison; et la liberté de la presse, bornée à l'obligation de faire chaque jour l'éloge de toutes les fureurs, de toutes les rapines des représentans du peuple souverain, n'est autre chose qu'une affreuse complicité ou l'asservissement le plus honteux qui puisse humilier et dégrader la raison humaine.

Sous ce gouvernement de sang, voyez comme tout concourt à lui donner à tout instant une force nouvelle.

Point d'opposition contre lui : il a su y mettre bon ordre. Fidèle à son instinct, il a refusé à la presse, que dis-je ? il lui a ôté jusqu'à la tentation de demander la liberté de le harceler de ses critiques quotidiennes : aussi quelle énergie, quel esprit de suite dans toutes ses combinaisons! quelle vigueur dans tous ses actes! quelle harmonie entre les provocateurs et les exécuteurs de toutes ses férocités!

Le voilà dans toute la force de sa virilité. Quoi qu'il commande, il sera obéi. Si l'un de ses membres vient à rêver qu'il ne faut pas qu'il y ait de ville en France au-dessus de 15,000 âmes, il n'a qu'à dire : Paris, Lyon, Rouen, Bordeaux, Marseille, se laisseront détruire et dépeupler aux cris de *Vive la nation!* Un forcené couvert de sang demande-t-il encore 400 mille têtes pour affermir ce régime infernal? Un décret les lui donnera.

Voilà comme les gouvernemens se soutiennent, en ne souffrant rien dans leur sein qui soit contraire à leur nature !

La nature de celui de la convention était de se vautrer dans le sang, de s'abreuver de larmes, de se complaire dans les désolations : tant qu'il a pu se préserver d'une opposition déclarée, il a pu se livrer aux forfaits les plus inouis....

Mais, tout-à-coup, l'antre législatif, où douze cents tigres à face humaine défiaient, depuis quiuze mois, l'indignation publique, a retenti des mots *justice, humanité*, que la révolution avait exclus de son vocabulaire.

Un cri universel y répond du dehors.

La presse s'émancipe d'elle-même comme par enchantement.

Une opposition généreuse s'organise en un clin-d'œil.

La montagne a perdu le droit exclusif de faire parler les journaux.

C'en est fait ! son heure a sonné.

La décadence de son pouvoir a commencé à l'instant même.

Elle sera rapide.

Un gouvernement un peu plus supportable l'a déjà remplacé.

Le directoire va nous offrir le même spectacle.

La liberté de la presse ayant passé, de la constitution de 1791 dans celle de l'an III, il commence sa carrière avec ce fardeau sur le dos.

D'abord, il marche sans obstacle ; une opposition n'a encore pu se former : en effet, faut-il bien que ceux qui peuvent y songer, pour en faire leur gagne-pain, connaissent leur terrain ; faut-il bien qu'ils sachent de quoi il sagit, à qui s'en prendre, et de quoi s'inquiéter. (1) Dans ce premier début les

______

(1) On n'avait pas encore perfectionné, comme il l'est de nos jours, l'art des oppositions politiques. Voyez comme a été

pantarques font assez bonne contenance, et la liberté de la presse ne leur offre rien de fâcheux.

Mais bientôt la borne invisible qui sépare la
liberté et la licence est franchie; les journaux sou-
mettent à leurs investigations la vie privée comme
la vie publique des directeurs; il les harcèlent chaque
jour, appelant sur eux, ou à-la-fois, ou tour-à-tour,
le ridicule, le mépris et la haine.

L'un d'eux employa tout de suite un remède
souverain en telle circonstance. Outragé grossière-
ment dans un journal, il envoya un chasseur et un
palfrenier au journaliste, qui reçut une bastonnade,
avec invitation d'être plus circonspect à l'avenir (1).

---

accueilli le ministère que le Roi vient de se donner! Entendez
le cri d'alarme qu'ont fait pousser quelques noms propres,
avant qu'aucun acte, de la part de ceux qui les portent, ait
pu permettre de préjuger leurs desseins! Pourtant, il faut
en remercier ces crieurs : les royalistes, qui sont bien quelque
chose sans doute sous le gouvernement royal, ont appris d'eux
combien les nouveaux ministres ont de droits à la confiance
du Roi, et par conséquent à la leur. La colère de la révolution a du bon beaucoup plus qu'on ne pense. Souhaitons
qu'elle soit souvent excitée à nous montrer la cause de nos
joies dans l'affermissement du trône.   *

(1) Je tiens cette anecdote de M. de Barras lui-même. Ayant
quelques raisons de craindre qu'elle ne soit supprimée des
mémoires de cet ex-directeur, comme peu édifiante pour
des républicains, par ceux qu'il a chargés de les mettre en
ordre (on concevra aisément pourquoi, moi, son neveu, je
n'ai pas eu cette mission), je la donnerai ici tout entière en
peu de mots.

L'indiscret journaliste en eut pour trois mois à garder le
lit. Sa femme, le lendemain de sa triste aventure, vint
tout en pleurs crier misère chez le directeur, qui lui donna
vingt-cinq louis en or, envoya à plusieurs reprises d'autres
secours au pauvre diable, et le tira du bourbier où il vivait
de calomnies. Dès qu'il put se tenir debout, il lui fit donner
un emploi honnête et plus lucratif que son métier de men-
teur à gages.   *

Mais le moyen de généraliser un tel remède! tout infaillible qu'il est, comment l'appliquer à 3o ou 4o journaux ?

Des mesures législatives furent appelées au secours du gouvernement. Elles eurent d'abord quelques succès ; mais, pour couper le mal dans sa racine, il fallut finir par mettre l'existence même des journaux à la merci des directeurs. Le directoire reçut le pouvoir *discrétionnaire* de prononcer la suppression de tout journal qui lui paraîtrait troubler l'ordre public ou compromettre la république.

A chaque nouvelle restriction mise à la liberté de la presse, l'autorité directoriale prenait une assiette plus ferme : le ressort du pouvoir exécutif semblait en être retrempé. Cette dernière disposition lui aurait sans doute donné une position désormais inexpugnable ; mais c'était avoir donné la mer à boire avant d'avoir préalablement empêché les fleuves d'y porter leurs eaux.

On avait cru pouvoir écarter la licence, en maintenant le principe de la liberté indéfinie, ce qui sera à jamais impossible ; l'événement ne tarda pas à prouver que cette liberté porte en soi un vice inextirpable, et n'est qu'une folle utopie qu'il faut mettre aux rang des plus funestes rêveries de la révolution.

Quelques suppressions produisirent un effet merveilleux ; elles reçurent même les applaudissemens de tous les honnêtes gens (car notez bien ceci, il ne faut pas croire que, parce que ces honnêtes gens lisent tels et tels journaux, et même s'y abonnent, ils ne gémissent pas de ce qu'ils lisent et ne font pas des vœux pour voir cesser un tel abus (1) : mais un

______

(1) Disons à ces honnêtes gens, qui ne savent pas secouer

journaliste supprimé s'avisa de continuer ses orgies, en se donnant un nouveau titre ; dès ce moment, le talisman de la puissance fut brisé dans les mains des cinq directeurs. Après diverses révolutions de palais dans son Luxembourg, ne pouvant rien opposer à la licence des journaux qui, supprimés aujourd'hui, reparaissaient le lendemain, changés de nom, mais plus acharnés que jamais à le désespérer, le directoire ne tenait plus à rien, lorsqu'un vaisseau parti d'Égypte aborda sur les plages de la Provence. Buonaparte n'eut qu'à paraître ; il s'é-

---

généreusement une vieille habitude, qu'ils ont tort de fournir ainsi, par paresse, un aliment à cette peste publique. Je pose en fait, par exemple, que le *Journal des Débats*, à qui ses anciens principes, dont il s'est insensiblement détaché, au point d'être aujourd'hui enfoui dans la boue du libéralisme le plus rebutant, avaient valu une liste d'abonnés des plus honorables, ne compte pas un quart de ses lecteurs qui ne soit indigné de sa honteuse métamorphose, et ne le lise avec dégoût. Comment se fait-il donc que les trois autres quarts et plus ne repoussent pas avec mépris la quittance de leur abonnement, lorsqu'il la leur fait présenter, pour se rejeter ou sur *la Quotidienne* ou sur *le Drapeau Blanc* que le royalisme a. tant d'intérêt à encourager, ou sur *la Gazette de France ?* J'ai peine à m'expliquer cela,. même de la part de ceux de ses lecteurs que ne rebuteraient pas sa nouvelle couleur ; car, libéral pour libéral, je préférerais, à leur place, *le Constitutionnel*, voire même *le Courrier Français*, parce que là, au moins, il y a de la franchise, et ceux qui aiment cette drogue n'ont pas à subir son mélange, avec de feintes protestations en faveur de la royauté. Pour ma part, je me vante d'avoir détaché de ce journal des renégats au-delà de trois cents abonnés, dont je pourrais donner la liste, et je continuerai cette bonne œuvre tant que j'en aurai l'occasion. Que chaque royaliste m'imite, bientôt nul homme honnête ne pourra avouer sans rougir qu'il reçoit cette feuille perverse. Cette leçon ne sera pas perdue : la morale publique sera vengée et tout le monde y gagnera.   N. N.

clipsa devant ce déserteur de son armée, auquel répondit un cri universel d'approbation et d'espérance, lorsque, en se nommant consul, celui-ci accusa ses prédécesseurs *d'avoir mal gouverné la France*.

Voilà donc un troisième gouvernement renversé, comme ses devanciers, par la liberé de la presse ! Voyons ce que vont devenir, après lui, d'abord le consulat, et ensuite l'empire.

Quoiqu'élève et favori de la révolution, Buonaparte avait le despotisme dans le cœur, et le machiavélisme dans la tête. Il comprit que, pour gouverner mieux que ne l'avait fait le directoire, à quoi l'avait engagé sa première parole publique, laquelle sans cela n'aurait été qu'une fanfaronade, il devait imposer silence à une opposition qui aurait embarrassé sa marche, et que, pour mettre fin à l'anarchie où il avait trouvé la France abandonnée, à son arrivée à Fréjus (ce à quoi il parvint avec une facilité qui sembla tenir du miracle), il devait la frapper dans ceux qui l'avaient fabriquée, les journaux jacobins, organes naturels de tous les factieux, prédicateurs nés de l'esprit d'insubordination d'où s'engendrent tous les désordres.

Deux mois étaient à peine écoulés depuis qu'il avait revêtu la toge consulaire, lorsqu'un arrêté des consuls (27 nivôse an VIII) *désigna les seuls journaux dont l'impression et la distribution étaient autorisés, et prononça la suppression, sans forme de procès, de ceux qui manqueraient au respect dû au pacte social, à la gloire des armées, etc., ou qui insulteraient les gouvernemens alliés de la république*, ce qui était les réduire aux seules insertions qui seraient agréables au consulat.

Remarquez bien qu'un simple arrêté lui suffit pour opérer, *au mépris* des LOIS EXIS-

TANTES, cette grande révolution sur la presse, qui, la veille, jouissait encore de cette liberté abusive qui avait perdu le directoire. Il ne s'amusa pas à recourir à une loi.

Il ne s'en tint pas là.

Sa constitution consulaire avait institué un corps législatif composé de deux chambres outre un sénat dont il sut tirer ensuite un très grand parti, ce que je passe sous silence comme étranger à mon sujet.

De ces deux chambres, l'une (dont nos libéraux se moquent en toute occasion, croyant lui imprimer une flétrissure, en l'appelant chambre muette (1), ce qui n'empêche pas qu'elle ne soit digne de

---

(1) Je prie les savans publicistes *du vieux parti de la révolution;* je prie les grands docteurs qui ont entrepris l'éducation lancastrienne *de la génération nouvelle;* je prie les plus diserts d'entre *nos libéraux* NETTEMENT PRONONCÉS, de me dire de quels articles de la Charte ils font dériver les discussions bruyantes, passionnées, scandaleuses, de notre Chambre des députés.

Je les somme de m'indiquer quel est celui de ces articles qui s'opposerait à ce que le Roi mît fin à ce dévergondage de la parlomanie, à cet oubli de toute convenance, à ce mépris de toute décence, où s'abandonne si souvent une assemblée d'hommes bien élevés, ayant tous atteint l'âge de la maturité, et se qualifiant de législateurs.

Je leur déclare, quant à moi, que cette qualification s'accorde peu avec l'idée que je me fis de tous les temps de la sagesse calme, profonde, mesurée, raisonnée, réfléchie, qu'exige la confection des lois, et avec ce qu'il me semble qu'en pensait la belle, la vénérable antiquité, à ses époques les plus solennelles.

Alors, un seul homme se chargeait de policer des peuples à demi-sauvages; et ces peuples, plus près de la nature, par conséquent plus près de la raison, recevaient avec respect les lois que ce législateur unique avait créées

servir de modèle, partout où l'on voudra que les lois sortent d'un scrutin) écoutait le pour et le contre des propositions qui lui étaient faites, et prononçait ensuite son acceptation ou son rejet, de la

---

pour eux dans la retraite et dans le silence; d'autant plus admirable, d'autant plus digne de la vénération des âges postérieurs, que nuls antécédens n'avaient pu le guider, et qu'à défaut d'expérience, il avait dû tout deviner, tout prévoir, en morale comme en politique, par la seule force de son génie; tandis que nous, contempteurs présomptueux d'un aussi bel exemple, vainement avertis par les malheurs passés de ce monde vieilli que nous prétendons rajeunir avec des passions furibondes, se disputant l'empire absurde que nous accordons à cette abstraction capricieuse et changeante que nous nommons *la majorité;* nous, riches de faits accomplis qui ne laissent aucun prétexte, aucune excuse à nos erreurs, à nos folies; nous qui, plus heureux qu'un Numa, qu'un Minos, qu'un Confucius, qu'un Pythagore, avons, pour sonder l'obscur abîme du cœur humain, le flambeau d'une religion épurée, qui, amie vraie du bonheur des hommes, tous égaux à ses yeux, a tracé une route qui ne saurait nous égarer et nous offre de si belles, de si larges ressources pour asseoir nos institutions sur une base inébranlable, nous fouillons à plaisir dans la rouille ensanglantée des extravagances humaines pour y chercher ce qu'elles ont de plus contraire au bonheur social, et en faire le fondement incertain et mobile de nos doctrines et de notre police civile.

Êtes-vous de bonne foi, vous tous qui professez des lèvres un si grand amour pour la Charte? Je vais vous offrir une belle occasion de nous prouver que c'est à tort qu'on vous accuse, à cet égard, d'une grossière hypocrisie.

Je vais, en peu de lignes, examiner ce qu'a voulu cette Charte, que vous lisez si mal; la comparer à ce qu'on a commis la faute énorme de laisser mettre à la place; en déduire la nécessité de rentrer dans la ligne qu'elle a tracée, et en indiquer le facile moyen.

Si vous avez le front de me contredire, vous vous serez jugés vous-mêmes : aux yeux de tout ce peuple que vous vous efforcez de corrompre, en l'éblouissant par vos

même manière que, dans nos tribunaux, les juges,
dont je ne sache pas qu'on ait encore songé à tour-
ner en ridicule le mutisme imposant, prononcent

---

sophismes et en le trompant par votre feinte tendresse pour
lui, vous ne serez que des factieux qu'il couvrira de ses
mépris.

Pour bien juger ce qu'a voulu la Charte, il faut examiner l'état où nous a trouvés son auteur.

Une machine législative existait au milieu de nous se
rapprochant de la simplicité des formes antiques, autant
qu'il était possible que cela fût lorsqu'on eut adopté
l'idée, si hardie, si peu conforme à la nature même des
choses, de remplacer le génie d'un seul homme pour donner des lois aux nations par plusieurs centaines de législateurs, et de faire sortir ces lois de l'urne d'un scrutin. La
pensée de la loi était réservée au chef de l'Etat, sa discussion était renvoyée à un corps consultatif devant lequel se
plaidaient le pour et le contre, de la part du gouvernement,
par un commissaire chargé de la défendre, de la part de la
chambre même, par une commission chargée par elle d'en
faire l'examen, et de lui en faire un rapport *après qu'elle
aurait été discutée dans ses bureaux*.

N'hésitez pas à en convenir avec moi, sous peine d'afficher
vous-mêmes l'exécrable dessein de rejeter la France dans
un nouvel océan de misères et de désolations, en lui imposant un tout autre gouvernement que celui qu'a voulu lui
donner la Charte; c'est-là la conception politique la plus
belle, la plus heureuse de notre époque, où l'influence
possible de tant de préjugés malfaisans a besoin d'être con-
tenue par une forte digue.

C'est ce qu'en pensa Louis XVIII, lorsqu'il écrivit ou
adopta cet art. 45 de sa Charte : « La Chambre se divise en
» bureaux, pour discuter les lois qui lui seront présentées
» de la part du Roi. »

Cela est-il clair ? cela permet-il aucune espèce d'interprétation qui excuse le règlement de la Chambre des députés
qui a enfanté ces discussions passionnées, orageuses, *des lois
proposées par le Roi*, qui se font avec tant de fracas et de
scandale *à la tribune*, au lieu de se faire sans bruit *dans les
bureaux*, comme l'art. 45 le dit en termes positifs ?

La Charte ne contenant aucune dérogation au régime

leurs arrêts , après avoir entendu les parties, ou leurs avocats.

A l'autre chambre appartenait un droit de dis-

---

préexistant, il est évident que c'est ce régime qu'elle a entendu maintenir pour la chambre élective; et cela est si vrai qu'elle se termine par cette phrase : « Nous ordonnons » que la présente Charte constitutionnelle, *mise sous les* » *yeux du sénat et du corps législatif,* conformément à » notre proclamation du 2 mai, soit envoyée incontinent à » la Chambre des pairs et à celle des députés. »

Cela signifie-t-il et peut-il signifier autre chose, sinon que Louis XVIII n'a entendu changer que la dénomination et le mode de formation des deux corps, qui, avant sa rentrée dans ses états, faisaient l'office des deux Chambres qu'il mettait à la place, maintenant , dans l'une et dans l'autre , tout leur personnel actuel; mais que sa volonté expresse , manifeste, était que le régime de ces deux Chambres fût le même que celui du sénat et du corps législatif?

Ne nous arrêtons pas à examiner pourquoi un règlement, qui ne devait pas aller au-delà de ce qui pouvait concerner la police intérieure de la Chambre des députés, a empiété sur le domaine même de la constitution, pour la défigurer, comme il l'a fait. Bornons-nous à constater cet empiètement , d'où s'ensuit le droit qu'a le Roi de faire réformer ce règlement usurpateur de la puissance constituante, et la nécessité d'user de ce droit sans délai, pour ramener la stricte exécution de la constitution, en rejetant, comme le veut l'art. 45, la discussion des lois *dans ses bureaux,* et en ramenant à sa tribune, en séance publique, le résultat définitif de la discussion dans les formes préexistantes.

Que cet heureux retour aux vrais principes de la Charte s'opère : un calme profond va subitement succéder , dans notre France avide de repos, aux fatigantes et périlleuses agitations auxquelles cherchent à la livrer les déclamations de la tribune législative. Désormais, discutées avec une gravité solennelle devant une Chambre impassible qui mûrira ses opinions , avant d'aller au scrutin, après avoir entendu contradictoirement son rapporteur et le commissaire du gouvernement, les lois seront votées librement, consciencieusement, sans fracas , sans scandale, et sortiront

cussion ; et elle ne tarda pas en user à la manière de notre chambre des députés, lorsque s'agite à sa tribune quelque question capable d'éveiller les passions ennemies qu'elle renferme dans son sein.

Cet abus ne dura qu'un instant. Buonaparte s'en tint à sa chambre muette ; il supprima le tribunat, qui n'avait déjà justifié que trop son titre factieux ; il en dispersa les membres, qu'il jeta au hasard dans tous les emplois, sans consulter leur aptitude, ne songeant qu'à les empêcher de se plaindre ; et réussit complètement dans sa combinaison.

Depuis lors, et jusqu'à son désastre de Moscou, dernier acte du drame dans le goût moderne, commencé à Vincennes et continué en Espagne, il fut fidèle à son système de répression de la licence de la presse et de celle de la tribune : aussi jamais gouvernement plus fort d'unité de vues, de principes, de volonté ferme et constante, ne s'était montré à l'Europe, qui finit par croire à la prédiction du nouveau César, lorsque, devenu empereur, il se vanta que, dans dix ans, sa dynastie serait la plus ancienne de cette partie du monde.

Demandez à tous ces pauvres diables qui se creusent tous les matins le cerveau pour en tirer un trait passable qu'ils puissent glisser dans leur feuille, au risque d'avoir affaire le lendemain avec le tribu-

---

majestueusement de cette dernière épreuve, sans être décriées d'avance par des agitateurs qui ne pourront plus rien agiter, par conséquent plus sûres du respect auquel elles ont droit et de l'obéissance qui leur est due.

A côté de cela, qu'on vienne encore nous parler, avec un superbe dédain, de la chambre muette de Buonaparte ! *Libéraux* NETTEMENT *prononcés*, une nation comme la nôtre fermera l'oreille à vos cris forcenés : son sens exquis répond du cas qu'elle en fera.   N. N.

nal correctionnel, s'ils auraient eu le courage d'entreprendre leur triste métier sous la férule consulaire ou sous la verge impériale. Admirez cependant le niais engouement qu'ils affectent pour celui qui les aurait anéantis d'un souffle s'ils s'étaient permis, lui régnant, la millième partie de ce qu'ils se permettent sous le règne paternel d'un bon Roi.

Cela constate bien la vérité de nos observations sur la force et la vitalité des gouvernemens qui savent se garantir de la licence de la presse. Mais voici qui en achèvera la démonstration :

Bonaparte, vaincu par les armées de toute l'Europe réunies contre lui, ne trouva d'autre ressource, pour soutenir son pouvoir chancelant, que de ressusciter les vieilles idées de la souveraineté du peuple et tout leur cortége révolutionnaire, qu'il avait su faire oublier dans ses jours de prospérité.

Une chambre s'assemble pour l'aider *à sauver la patrie.*

Mais ce n'est plus *son corps législatif muet,*

C'est une chambre de représentans, à côté de laquelle revivent tout-à-coup ce que nous appelons aujourd'hui *les libertés publiques.*

Parmi ces libertés, celle de la presse lève une tête altière, et les amis de la légitimité se hâtent de la mettre à profit. Lisez les journaux de l'époque, vous y trouverez tel article qui fit plus de mal au grand homme que la perte de quatre batailles (1).

Dès-lors vous chercherez en vain, dans les ac-

---

(1) Un de ces articles lui fut lancé par le Journal des Débats. *Quantum mutatus ab illo !* Il faut que ce journal soit *renégat* à toutes les époques.　　　　　N. N.

tions du héros, l'ombre la plus légère du savant despotisme qui l'avait si long-temps soutenu.

Les journaux, échappés à son système répressif si fortement organisé, lui font perdre la tête.

Fugitif de Waterloo, il peut se retirer au-delà de la Loire, où quatre-vingt mille séides ne demandent que sa présence pour aller lui rendre son trône ou mourir sous ses yeux : mais, tout-à-fait démoralisé par cette implacable licence qui le harcèle sans relâche, ce n'est pas sous la tente des braves qui l'appellent qu'il ira se réfugier, ce sera dans un vaisseau anglais, où il se dira, en y entrant, un nouveau Thémistocle, et d'où on ira le jeter au milieu des mers pour lui faire finir son rôle de roi dépouillé sur un rocher de Sainte-Hélène.

Qui donc, après de tels exemples, osera se jouer encore avec la liberté de la presse ?

Quels princes, quels sénats, quels ministres pourront ne pas comprendre où mène cette malheureuse folie ?

Me citera-t-on l'Angleterre ?

Halte-là ! répondrai-je : Si vous voulez que la durée de notre révolution arrive à cent trente ans et plus, comme celle de l'Angleterre qui n'est pas à son dernier terme, donnez-nous du moins les moyens de la supporter, en nous étourdissant par le prestige d'une prospérité réelle ou factice, dût-elle pouvoir s'évanouir en un seul jour.

Jusqu'à une dernière catastrophe, empêchez-nous d'en sentir du malaise et d'en avoir le pressentiment, par de puissantes diversions.

Donnez-nous soixante millions de sujets dans l'Inde ;

Donnez-nous tout le commerce de la Chine ;

Donnez-nous une marine proportionnée à ce

vaste théâtre de notre mouvement commercial;

Donnez-nous, pour la protéger, des établissemens ou des positions maritimes qui nous rendront les maîtres de toutes les mers : les sept îles, Malte, Gibraltar, le cap de Bonne-Espérance, l'île de France, etc.; etc.

Point d'assimilation possible entre la France et l'Angleterre !

La liberté de la presse est une maladie mortelle qui ne change pas de nature, parce que, par des causes particulières, l'Angleterre a pu la supporter jusqu'ici.

Elle en mourra plus tard; voilà ce que l'on en doit dire : mais, quant à la France, elle y succomberait en peu d'années si l'on persistait à la condamner à subir plus long-temps cet insupportable fléau.

Voilà ma conclusion. Occupons-nous donc de la recherche des moyens de l'en soulager, dès à présent, par la seule force de l'autorité royale.

QUELQUES CONSIDÉRATIONS PRÉLIMINAIRES QUI DOIVENT NOUS AIDER DANS CETTE RECHERCHE.

Nous avons vu que Paris vomit, sur la France royaliste et chrétienne, par abonnement et par jour, par semaine ou par mois, au-delà de trois cents journaux ou ouvrages périodiques.

Presque tous sont infectés du virus révolutionnaire. Il trouve à se glisser jusque dans ceux qui, consacrés nominalement à des objets purement scientifiques, sembleraient inaccessibles à la politique ; mais qui , marchant au but commun par le chemin de l'athéisme , ne sont pas de faibles auxiliaires de la conspiration patente qui menace l'autel et le trône.

C'est déjà un désordre qui fait pitié et qui, aux yeux de la raison, accuse et met en évidence la fausseté du système absurde qui a pu enfanter cette inconcevable manie, et pousser le journalisme jusqu'à un tel excès.

Cet excès lui-même , il est vrai, a de quoi rassurer un observateur judicieux. Le supporter longtemps est au-delà des forces de la France libérale. La ruine prochaine de ces ateliers de corruption vengera donc la France fidèle d'une cupidité insultante qui a osé fonder l'espoir de son succès sur la supposition d'une perversité assez répandue pour ne pas tromper cet espoir.

Mais cela absout-il les ministres qui ont vu éclater cette fièvre d'écrivaillerie sans s'en émouvoir, sans chercher à y porter remède ? Cela surtout pourrait-il dispenser des ministres, tels que la partie saine de la nation en appelait depuis longtemps, de porter le fer et le feu sur cette excroissance pestilentielle de plantes vénéneuses qui a envahi le terrain de la véritable littérature et jusqu'au champ des sciences et des arts (1) ?

Jetons un regard de compassion sur la foule si

---

(1) Il existe, même en présence des magistrats chargés de punir les méfaits des écrivains factieux, et, pour ainsi dire, dans le sanctuaire de la justice, un journal qui, par sa spécialité, semblerait ne pouvoir même pas éprouver la tentation de jouer un rôle dans l'opposition libérale; et qui, pourtant, est empreinti d'un libéralisme d'autant plus sot, d'autant plus dégoûtant, que, bien assurément, ce n'est pas là qu'on pouvait supposer qu'il lui serait permis de se fourrer.

bruyante de ces malheureux que Montaigne appelait *des écrivains ineptes ne servant qu'à troubler le monde*, et qu'à seule égarés la coupable incurie d'une législation jetée hors des voies du bon sens ; et comptons combien, à une carrière honnête qui, il est vrai, aurait exigé d'eux de la patience dans leurs jeunes années, au profit de leur âge mûr, ont préféré un métier facile dans lequel il n'est ni premier, ni dernier, ni compagnon, ni maître, et se sont enrôlés dans cette troupe de cosaques littéraires qui fabriquent nos trois cents journaux.

En estimer le nombre à quinze cents, est, peut-être, au-dessous de la réalité.

Or, n'est-ce pas un crime politique qu'avoir tendu un tel piége à quinze cents jeunes gens qui, prenant le bruit pour la gloire, se sont laissé détourner, par les applaudissemens des factions, d'une profession utile où ils auraient vécu en paix avec eux-mêmes et avec les honnêtes gens ; et, par ce premier faux pas qu'ils ont fait dans la vie, ont perdu tout le fruit de leur éducation, ont faussé leur raison et se sont condamnés peut-être à loucher éternellement de leur vue intellectuelle, et à ne plus vivre désormais qu'en état de conspiration permanente contre la paix de leur pays ?

L'arrêté des consuls du 27 nivôse an VIII a jalonné la route qu'il faut suivre pour rentrer dans la ligne du devoir et de la raison.

Il désigne les journaux dont *l'impression* et LA DISTRIBUTION sont autorisées (remarquez ces deux circonstances : *l'impression* et LA DISTRIBUTION : nous y reviendrons tout-à-l'heure) ; il prononce la suppression de ceux qui manqueront de respect à ceci, à cela, etc. *Voy.* ci-devant pag. 24.

Tout cela se conforme à ce que prescrit le bon sens.

Par-là se trouve anéantie cette prétendue propriété que s'arroge tout fondateur de journal, pour lui et pour ses successeurs, du droit de régenter le monde jusqu'à la fin des siècles. Par-là, il demeure constant que le droit de parler au public ne peut appartenir à personne, si ce n'est par concession du gouvernement, pour un temps limité, afin que chacun y puisse aspirer à son tour, pour un objet terminé, et à des conditions onéreuses tournant au profit de l'Etat, avec clause expresse de révocation dans tels et tels cas exprimés au cahier des charges.

C'est ce qui se pratiquait autrefois. Les journaux n'existaient que par privilége temporaire et à la charge de payer à des hommes de lettres des pensions qui, aujourd'hui, sont payées par le trésor royal et pèsent par conséquent sur les contribuables.

A l'égard *de la distribution* des journaux, on concevrait difficilement pourquoi Buonaparte crut devoir en ajouter la permission à celle *de leur impression*; car, sans celle-ci, l'autre était sans application possible : mais ce surcroît de précautions s'explique par l'état de licence effrénée et d'astuce où il avait trouvé la presse périodique à son avènement au consulat. Il comprit que les journaux jouissant d'une modération considérable sur la taxe de la poste aux lettres, ce privilége, dont jouissaient aussi les faiseurs de pamphlets, ouvrait la porte à une supercherie qui aurait annihilé son arrêté, de la même manière que la faculté de reparaître sous un autre titre, qu'un journal supprimé empruntait du principe de la liberté indéfinie de la presse, avait annihilé le droit de *suppression* accordé au directoire, comme moyen de répression; et, afin que des pamphlets, se succédant les uns aux autres, ne pussent échapper à sa prévoyance, il se ménagea les moyens de les anéantir, en les considérant comme journaux déguisés imprimés sans permission, et en leur refusant ses moyens de distribution.

Comment ne pas reconnaître, en effet, que la faveur d'une modération de la taxe des lettres n'a pu être accordée que dans un but d'utilité publique ? que le gouvernement doit être naturellement et exclusivement le juge de cette utilité ? et qu'il serait monstrueux de prétendre que celui-ci doit être tenu d'en laisser jouir ceux qui tendraient évidemment à un but contraire, même ceux qui travailleraient à le détruire ; et de prêter sa poste pour favoriser leurs complots ?

La situation où nous sommes rend infiniment précieuse cette distinction que l'arrêté du 27 nivôse établit entre *l'impression* d'un journal et sa *distribution*. Elle sera sans utilité, lorsque l'on sera rentré tout-à-fait dans la vérité relativement à la presse, ce qu'on croira peut-être ne pouvoir se faire sans le concours des Chambres, sur quoi nous ne disputons pas : mais nous y puiserons un moyen provisoire de tempérer l'extravagance des journaux, sans attendre la réunion de ces Chambres, quelque prochaine qu'elle puisse être.

Nous venons de dire que nous ne voulions pas disputer sur la nécessité de faire intervenir les Chambres dans la réformation de la législation sur la presse. Qu'on se garde cependant de croire que nous accordons aux libéraux (voyez leurs discours qui nous servent d'exorde) que le Roi ne peut, en vertu de sa certaine science, pleine puissance et autorité royale, modifier le régime de la presse et appliquer, ne fût-ce que provisoirement, comme remède à ses abus devenus intolérables, quelques-uns des principes que nous avons établis ci-dessus ?

Buonaparte avait commencé par de simples arrêtés, pour déblayer son terrain des décombres dont l'avaient couvert les principes révolutionnaires. Il rendit à son pouvoir législatif, aussitôt qu'il en eut retranché la turbulence de la tribune, toute son action naturelle ; mais bientôt il reconnut qu'une lacune très fâcheuse et dangereuse même, en certains cas, le laissait exposé, dans l'intervalle d'une session à l'autre, à ne pouvoir prendre à propos des mesures urgentes réclamées par quelque circonstance imprévue; et il inventa les *sénatus-consulte*.

L'histoire ne manquera pas de dire combien ce nouveau ressort ajouté à son gouvernement prêta de force à sa puissance.

Nos rois seraient-ils donc réduits à lui envier ce pouvoir?

N'ont-ils plus d'autre droit que de faire des ordonnances timidement calquées sur les lois votées dans les deux Chambres?

Louis XVIII, en donnant une Charte, qui a déjà reçu tant de modifications et qui peut-être en recevra d'autres encore, a-t-il interdit à ses successeurs l'exercice d'un semblable droit?

La volonté royale s'exprimait autrefois par des édits, des déclarations, des lettres-patentes et des ordonnances. D'où partirait-on pour prétendre qu'elle est réduite aujourd'hui à ne s'exprimer que par des ordonnances qui ne seront, chacune, que la répétition d'une loi et un moyen d'exécution; et que, moins puissans que Buonaparte, qui se mettait en dehors de l'action législative au moyen des *sénatus-consulte*, les rois de France ont perdu le droit de donner des édits et des déclarations ayant le même effet?

Théophile, §.6. du tit. II, du livre I, *des Instit.*, fait dériver les édits de *edicere*, aller au devant des choses, statuer dessus par avance. Pourquoi nos rois ne pourraient-ils *aller* ainsi, *statuer* ainsi?

Les édits ont été intitulés diversement sous différens régnes; on les a nommés, tantôt capitulaires, tantôt chartes, tantôt édits. C'est sous ce dernier titre que, depuis Henri II, nos rois ont usé sans variations du droit *d'aller* au-devant des choses, de *statuer* dessus par avance. Nous nous en emparons pour en faire une des principales bases de nos propositions ci-après. Nous nous y servirons aussi des lettres-patentes scellées du grand sceau, pour imprimer un caractère de solennité digne de son objet à la première mesure d'exécution de l'édit dont, déjà, nous aurons crayonné l'esquisse. Nous y ferons revivre les déclarations du Roi, sortes de lois, disent nos anciens docteurs en droit public, par lesquelles S. M. explique, réforme ou révoque une ordonnance ou un édit.

Enfin, une ordonnance royale achevera d'y présenter le trône dans tout l'appareil de son pouvoir sacré; et, devant ce spectacle majestueux qui ramènera la sécurité dans les cœurs honnêtes, et qui remplira les méchans de cette crainte salutaire à côté de laquelle seule s'exalte et croît sans cesse l'amour des peuples pour leurs rois, nous osons garantir que, de toutes parts, s'éléveront vers le trône d'unanimes bénédictions et les accens d'une joie pure à laquelle, désormais déchus de tout espoir, les factieux n'auront pas même la tentation d'opposer leurs cris discordans.

Pour produire un si grand effet, nous ne nous bornerons pas à des mesures provisoires contre la licence de la presse; celle de la tribune éveillera aussi notre attention, ainsi que deux des plus inconcevables anomalies de notre droit public et de notre droit civil; le faux et dangereux emploi qu'on fait du droit de pétition, et la contrainte par corps pour dettes.

Une assemblée, tellement imposante, qu'en sa

présence toutes les malveillances n'auront plus qu'à se taire et à se dérober à tous les regards, sera consultée sur les points délicats à raison desquels une solution peut être retardée sans danger immédiat.

Là seront débattus et posés invariablement les principes éternels auxquels notre système législatif devra être co-ordonné, pour tout ce qui intéressera l'avenir, et arrêtées les bases d'une pénalité terrible et inflexible contre quiconque osera les remettre en question.

Ces sortes d'assemblées ne sont pas inconnues à la monarchie ; et plût à Dieu ne se fût-elle jamais trompée sur le choix des époques de leur convocation, ou sur celui des hommes qu'elle y a appelés ! La révolution elle-même n'a pas dédaigné d'y recourir en certains cas.

Sous le directoire, dans l'espoir d'en obtenir le moyen de sortir d'une crise financière, à laquelle il ne se sentait plus le courage de résister, le ministre Ramel convoqua une assemblée de négocians. Cette assemblée devait l'existence à un intérêt trop mesquin pour produire quelque bon effet. On lui demanda de l'argent, elle donna en place la contrainte par corps pour dettes : c'est là tout ce qu'on en put obtenir.

L'assemblée que nous proposerons aura des résultats plus vastes, et (ce qui promet une belle page à notre histoire, lorsqu'elle aura trouvé un Tacite pour traiter, selon leur mérite, les royalistes et les amans des folies révolutionnaires) elle détruira l'ouvrage unique de celle que nous venons de rappeler, prouvant ainsi que la vraie liberté ne s'allie bien qu'avec la monarchie ; et que *les libertés* que donnent les révolutions, ne sont que les antipodes du bon sens et le germe ignominieux de toutes sortes d'esclavages.

Ainsi se popularisera une mesure large et radi-

calement salutaire, aux dépens de nos libéraux in-
dustriels qui ont refusé cette même popularité,
que n'ont cessé de leur offrir, depuis quinze ans,
des malheureux, pour la plupart mourant de faim
et presque tous étrangers au commerce, au nom
duquel on les retient parqués à Sainte-Pélagie
comme un troupeau de vils esclaves.

Mais, nous dira-t-on, ce que notre ancien droit
public, auquel vous nous ramenez, appelait des
constitutions générales émanées du propre *mouvement du Roi*, *les édits*, *les lettres-patentes*, *les
déclarations*, n'avait force de loi qu'après que l'enregistrement en avait été fait dans chaque parle-
ment : Entendez-vous demander cet enregistrement à chaque cour royale ; ou imaginez-vous
pouvoir vous en passer ?

Nous le pourrions, sans doute, en remontant
dans notre histoire un peu plus haut que vous ;
mais, non ; nous ne nous en passerons point.

Les parlemens avaient la prétention d'être les
états-généraux de France, au petit pied ; ils se di-
saient, en conséquence, ne former entre eux tous
qu'un seul corps divisé entre plusieurs sections ré-
pandues dans diverses provinces pour la commo-
dité des peuples : mais ce n'était pas cela qui avait
induit la royauté à leur attribuer l'enregistrement de
ses constitutions générales ; cette attribution, ils la
devaient uniquement à ce qu'ils étaient le suprême
degré dans l'ordre hiérarchique de la magistrature.

Les cours royales ne sont plus sur la même ligne.
Au-dessus d'elles se trouve une cour de cassation,
corps unique, non pas fictivement, mais bien réellement, et n'ayant d'autre supérieur que le Roi, de
qui seul émane toute justice. Ce corps, justement
vénéré, et qui le fut dès sa naissance, qui ne cessa
jamais de mériter de l'être, même à certaines
époques critiques de la révolution, dont nous l'a-

vons vu se garantir d'épouser les erreurs ou de favoriser les violences judiciaires; ce corps est donc celui qui, seul, a succédé de droit aux parlemens pour ce qui était l'objet de votre inquiétude; et c'est à lui que nous demanderons l'enregistrement de l'édit, des lettres-patentes et de la déclaration du Roi, dont, ainsi que de l'ordonnance qui achèvera de couronner notre œuvre de restauration, il ne nous reste plus qu'à esquisser la rédaction.

C'est ce que nous allons faire le plus succinctement qu'il nous sera possible, pleinement convaincu d'avance qu'il devra en résulter un état de paix intérieure, de calme, de confiance, de sécurité, de véritable liberté et de bonheur public, tel que la France sera toujours certaine d'en jouir sous ses princes Bourbons, exerçant, dans toute sa plénitude, et à l'abri des turbulens systèmes qui donnent la vie aux factions, la bienfaisante autorité qu'ils tiennent *de la grâce de Dieu*.

Ceux qui pourront se croire déjà autorisés à nous accuser de vouloir ressusciter l'ancien régime avec tout son cortége de dîmes, de droits féodaux, de corvécs, d'exemptions des taxes publiques, etc., etc., à quoi, très certainement, personne ne songe depuis long-temps et n'a jamais songé depuis la restauration (1), trouveront de quoi baisser les cornes et le ton dans ce qui va terminer cet écrit. Nous en dirons autant à ceux qui auront l'air de trembler pour la Charte, pour laquelle, en effet, nous sa-

---

(1) Pas même les plus niais d'entre les écrivains du parti, lesquels ne croient pas un mot de ce qu'ils disent à cet égard, et ne le disent que pour avoir un prétexte de criailler sur la CONTRE-RÉVOLUTION, sachant très bien pourtant que, telle que nous la voulons et que nous finirons par l'avoir, elle contentera tout le monde, sans en excepter ceux qui crient le plus fort pour la discréditer, et qui ne perdront rien à devenir plus sages. N. N.

vous tous quelle est leur friande tendresse, constamment à l'affût de l'occasion qu'ils attendent, comme les Juifs attendent le Messie, de la dévorer d'un seul coup.

A l'égard de ceux qui s'étonneront de voir nos propositions laisser en arrière divers objets importans, tels que le code électoral, le code municipal, la justice correctionnelle, le code pénal, relativement au jury, même la contrainte par corps, dont nous avons fait ci-devant une mention spéciale; comme aussi de ne pas nous voir appliquer dans toute leur étendue les principes dont les discussions dans lesquelles nous sommes entré, ont eu pour résultat de démontrer la solidité, nous les prions de considérer que nous ne proposons que des mesures transitoires ou préparatoires, pour lesquelles nous maintenons le *statu quo* de la législation; et que tout ce qui n'a pu s'accorder avec ce *statu quo* se trouve naturellement renvoyé à la série des questions, que, comme on va le voir, chaque ministère aura à rédiger pour les soumettre à une commission consultative, avant d'y faire statuer législativement.

NOTA. Les idées ne viennent que lorsque le travail les appelle. Aussi, vais-je toujours, prenant en pitié ces gens, comme on en voit tant, qui vous disent qu'ils ont leur opinion faite, qui vous déclarent qu'ils ne veulent pas en changer, et n'ont, par conséquent, aucun besoin de lire les opinions contraires; comme je me défie de ceux qui ont une réponse magistrale toute prête à toutes les questions qu'on peut leur adresser.

J'ai une autre manière.

Je demande, le plus souvent, en pareil cas, le temps de réfléchir pour donner ma réponse, parce que j'aime mieux paraître ignorant que de le devenir en effet, en affectant de ne le pas être autant que je le suis. Ce n'est que pas à pas qu'on avance dans le chemin unique de la vérité, à l'encontre de ce qui a lieu dans les voies innombrables de l'erreur, où l'on ne va qu'en bondissant, au gré des mobiles passions de ceux qui s'y engagent.

Les propositions qu'on va lire sont en arrière de ce que veut ma note de la page 25. Elles auraient été plus larges, si, avant le 28 août, j'avais lu l'art. 45 de la Charte, comme j'ai su le lire depuis la distribution de ma précédente brochure.

PROPOSITIONS

EN STYLE DE GRANDE CHANCELLERIE,

AU NOUVEAU CONSEIL DES MINISTRES.

ÉDIT

donné à Saint-Cloud, le.......

CHARLES, etc.,

A tous présens et à venir, Salut.

Une malheureuse expérience nous a démontré la nécessité :

1°. D'apporter à la législation existante sur la liberté de la presse des modifications qui appliquent promptement un remède efficace à l'abus effréné qui en a été fait, et d'en prévenir le retour en faisant revivre, dans toute sa pureté, le principe salutaire d'une sage répression de cet abus, consacré par la Charte octroyée par notre très cher Frère et prédécesseur Louis XVIII, de glorieuse mémoire ;

2°. De régulariser l'exercice du droit de pétition, concédé par cette même Charte, de telle sorte que la sagesse de son auguste auteur, qui a pris le soin d'écarter de la tribune de la Chambre des députés toute discussion publique sur des intérêts de l'État, que l'autorité royale n'aurait pas soumis elle-même à l'examen de cette chambre, en en faisant l'objet d'une proposition de loi, ne soit pas éludée, au moyen de ce que, sur la simple proposition d'un particulier sans caractère, sans mission, souvent inconnu, ou pouvant n'offrir aucune garantie de l'innocence de ses vues, la Chambre puisse se livrer à des discussions solennelles pour lesquelles, si elles étaient provoquées par un de ses membres, elle serait tenue de se former en comité secret, ce qui implique contradiction et est évidemment opposé à la Charte, telle qu'elle doit être entendue, à chaque époque, d'après les améliorations qui y ont été faites législativement;

3º. De rechercher un mode de délibération, de la Chambre des députés, capable, plus que celui qui s'y est introduit, d'attacher à ses décisions un caractère de prudence, de calme, de méditation consciencieuse de la part de chacun de ses membres, d'après lequel la pleine confiance de nos peuples dans des décisions ainsi mûrement réfléchies, soit naturellement l'heureuse et juste conséquence du respect que lui inspirera le spectacle imposant d'une chambre grave, recueillie, attentive et inaccessible à des mouvemens passionnés capables d'égarer sa sagesse;

4º. De ramener le système législatif de notre royaume, soit relativement au droit public, soit relativement au droit civil et même au droit privé, à des principes conformes au droit naturel, lequel étant immuable de sa nature, comme émané lui-même du droit divin, les fera participer, en quelque sorte, de leur origine céleste, en leur imprimant le sceau de son invariabilité, et permettra d'en faire, tant pour nous que pour nos successeurs, la base sacrée et désormais inébranlable des droits et des devoirs des rois très chrétiens et de leurs rapports réciproques avec les peuples dont Dieu leur a confié le bonheur.

La recherche et la préparation de celles des améliorations auxquelles il pourra paraître convenable de faire concourir notre Chambre des pairs et la Chambre des députés (nous réservant de statuer nous-mêmes sur toutes les autres), nous ont paru ne devoir être faites qu'avec une sage lenteur. En conséquence, et pour nous rendre plus facile et plus sûre la solution des questions dont cette recherche pourra exiger l'examen préalable, nous avons pensé qu'il serait bon et convenable de donner, pour auxiliaire, à notre sollicitude paternelle pour le bien de nos peuples, une commission consultative capable, par la composition de son personnel, de répondre pleinement à notre confiance, et digne au plus haut degré de voir tous nos sujets, réunis en un seul esprit, récompenser son zèle, sur lequel nous comptons pleinement par avance, par le suffrage universel qu'obtiendront tous ses actes.

A ces causes, et autres à ce nous mouvant, de notre certaine science, pleine puissance et autorité royale ; sur le rapport à nous fait, en conseil des ministres, par notre amé et féal sieur comte de La Bourdonnaie, ministre secrétaire-d'état au département de l'Intérieur, et notre Conseil-d'État entendu, nous avons ordonné et ordonnons, voulons et nous plaît ce qui suit :

ART. Ier.

Un projet de loi ayant pour objet de remplacer la loi du 18 juillet 1828, actuellement en vigueur, concernant la liberté de la presse, sera présenté le plus tôt que faire se pourra aux deux Chambres des pairs et des députés des départemens, et, si possible est, pendant la prochaine session desdites Chambres.

ART. 2.

Ce projet de loi ramènera l'exécution de l'art. 8 de la Charte à ce qui y est ordonné en termes précis;

en conséquence, il *réprimera*, par de sages et fortes *mesures préventives*, la licence effrénée de la presse arrivée au point d'être un juste objet d'effroi pour tous les gens de bien.

Art. 3.

Vu l'urgence d'opposer de telles mesures à la licence de la presse périodique, en attendant que les art. 1 et 2 aient pu recevoir leur exécution, il sera pourvu à ce besoin pressant, par des dispositions spéciales que nous nous réservons de prendre, pour l'exécution en avoir lieu immédiatement ; le présent article statuant d'avance, à cet égard, sur tout ce que besoin sera, abrogeant et annulant toutes lois, ordonnances, édits, déclarations, en ce à quoi pourront se trouver y avoir dérogé nos dites futures dispositions spéciales.

Art. 4.

L'extension donnée au droit de pétition octroyé par la Charte, en le faisant servir à des propositions d'intérêt public, sera l'objet d'un examen approfondi par une commission consultative qui sera instituée à cet effet, convoquée à Paris le plus tôt possible, et dont nous nous réservons de prescrire l'organisation et de déterminer les attributions.

En attendant le résultat de cet examen, le droit que se sont attribué et que pourront s'attribuer aucuns pétitionnaires d'adresser ces propositions aux deux Chambres législatives, ou à l'une d'elles seulement, n'est pas suspendu ; mais leurs pétitions ne pourront être l'objet d'aucune discussion dans la Chambre des députés. Le rapporteur de la commission qui en aura fait l'examen se bornera à en faire connaître l'objet ; après quoi elles seront, de plein droit, déposées au bureau des renseignemens de la Chambre, afin que celui de ses membres qui croirait devoir en faire la matière d'une proposition, sur laquelle il y aurait lieu à en délibérer en comité secret, puisse s'en appuyer; à moins toutefois que le rapporteur ne propose l'ordre du jour, cas auquel il sera, de plein droit et sans discussion, prononcé par le président de la Chambre, et le dépôt au bureau des renseignemens n'aura pas lieu.

Art. 5.

A l'égard des pétitions n'ayant pour objet que des intérêts individuels, qui seront adressées à la Chambre des députés, il y sera procédé à leur égard, comme par le passé, tant que les formes délibératives actuelles de cette Chambre n'auront reçu aucun changement : toutefois, le cas arrivant où des discussions trop animées résulteraient des débats ouverts sur ces pétitions, elles seront suspendues sur-le-champ par le président de la Chambre, et ajournées à huitaine sur la simple réquisition d'un membre de la Chambre ; à moins que, sur la demande d'un ou de plusieurs autres membres, la Chambre ne préfère se former en comité secret pour continuer la discussion ouverte et rentrer en séance publique, après la clôture, pour prononcer sa décision.

Art. 6.

Nul amendement ne pourra être produit à la chambre des députés qu'après que le président l'aura eu envoyé à la commission chargée de l'examen de la loi à laquelle il se rapportera, et qu'il aura été discuté devant elle (s'il n'est accepté en notre nom par nos ministres) entre son auteur et notre commissaire chargé de soutenir le projet de loi. L'amendement rapporté en cet état à la Chambre, à laquelle il est rendu compte de la discussion et dé son résultat, il y est immédiatement statué sur son admission ou sur son rejet dans les formes accoutumées; l'auteur de l'amendement a néanmoins le droit de demander et la Chambre celui d'accorder ou de refuser que la discussion soit reprise au fond devant elle, mais cette reprise ne pourra avoir lieu qu'en comité secret.

Les dispositions du présent article seront, le cas y échéant, modifiées, lorsque la commission consultative ci-devant mentionnée aura terminé ses travaux, afin que lesdites dispositions soient mises en concordance avec les améliorations qui, d'après l'avis de la commission susdite, pourront être faites au mode de délibération de la Chambre des députés.

ART. 7.

Une série de questions sera présentée en notre nom à la commission consultative, par chacun de nos ministres secrétaires d'état, sur les diverses propositions ayant rapport à leurs attributions respectives qui ont été agitées soit dans les journaux, soit dans les écrits périodiques, soit dans des ouvrages spéciaux, relativement aux diverses manières d'interpréter aucuns articles de la Charte; et sur celles qui devront être considérées comme principes fondamentaux dans notre royaume de France, tant en droit public qu'en droit civil ou en droit privé. Les réponses de la commission seront recueillies en deux sections : la première comprendra celles sur lesquelles il sera reconnu qu'à nous seul doit être réservé de statuer de notre propre mouvement ce qu'il appartiendra; et la seconde celles sur lesquelles il sera jugé convenable que les Chambres soient par nous consultées, sous la forme de différens projets de loi.

Au nombre de ces dernières sera nécessairement celle qui établira la pénalité sévère que (du moment qu'une loi ou tout autre acte émané de notre pleine puissance auront, conformément au §. 1er. du présent article, statué sur les principes fondamentaux des constitutions du royaume, qui seront admis comme tels), nous entendons appliquer irrémissiblement à quiconque osera remettre en question, n'importe de quelle manière, par paroles ou par écrit, ces mêmes principes qui, dès lors et à tout jamais, devront être considérés universellement comme hors de toute dispute et comme le fondement éternel de la prospérité du royaume et du repos public.

ART. 8.

La commission consultative se réunira à Paris, au plus tard, le... prochain, sous la présidence de notre amé et féal conseiller le sieur chevalier d'Ambray, notre grand chancelier.

ART. 9.

Elle sera composée d'un député de chacune de nos cours royales nommé par les chambres réunies à la pluralité des voix et au scrutin secret; du président de chacune des chambres de commerce du royaume; des maires des vingt premières bonnes villes de France, Paris excepté; des archevêques ou évêques des diocèses d'où dépendent ces mêmes bonnes villes; du premier président de notre cour de cassation; de celui de notre cour des comptes; d'un député (nommé comme ceux de nos cours royales) de chacune des chambres de nosdites cours de cassation et des comptes; du sieur archevêque de Paris; du préfet de la Seine représentant le corps municipal, auquel seront adjoints trois

députés des douze maires de notre dite bonne ville;
du bâtonnier de l'ordre des avocats près notre Cour
royale de Paris; de quatre députés du corps des notaires et de deux de celui des agens-de-change de
ladite ville; du président de son tribunal de commerce; d'un député de chacune des académies ou
sociétés royales de notre dite bonne ville de Paris, à
la réserve de la société royale et centrale d'agricul-
ture, qui fournira six députés; de trois imprimeurs,
de trois libraires et de trois gérans rseponsables de
journaux quotidiens, payant le maximun du cau-
tionnement, nommés par leurs consorts dans
une réunion à laquelle ils seront convoqués successivement par notre ministre de l'intérieur, dans
l'hôtel du ministère; de six amiraux ou vice-
amiraux et six maréchaux de France ou lieutenans-
généraux de nos armées, dont nous nous réservons
la nomination; et enfin de douze membres de la
chambres des pairs et de douze de celle des députés, dont, à cause de la dispersion actuelle des
membres de ces chambres, la nomination nous
demeure également réservée.

Art. 10.

Nos ministres se concerteront, pour nous présenter dans le plus bref délai, en conseil des ministres, le bugdet des dépenses qu'occasionnera
cette commission consultative, d'après l'indemnité
qu'ils nous proposeront d'accorder à chacun de ses
membres. Un crédit supplémentaire sera ouvert,
par nous, à notre ministre des finances, jusqu'à
concurrence de la somme pour laquelle nous aurons
approuvé et arrêté ledit budget.

Mandons et ordonnons... etc.

Donné à Saint-Cloud, au mois de   de l'an
de grâce 1829, et de notre règne le cinquième.

LETTRES-PATENTES

*Convoquant la commission consultative et déter-
minant l'ordre à suivre pour son installation et
pour ses communications avec le Roi et ses ministres.*

Charles, etc.,
A tous présens et à venir, salut.

Par notre édit donné à Saint-Cloud, au mois de
dernier, nous avons ordonné la formation et la convocation à Paris, dans le plus bref
délai possible, d'une commission consultative dont
l'objet est indiqué audit édit.

Nous jugeons à propos de hâter l'exécution de
cette mesure, de laquelle nous attendons la fin
des bruyans et violens débats qui troublent la
tranquillité publique, et la réunion de tous les cœurs
dans un seul esprit, l'amour de l'ordre et le respect
des lois, et dans un seul désir, le bonheur général
fondé sur les bases de la vraie liberté dont tous nos
vœux, tous nos efforts furent toujours et ne cesse-
ront jamais d'être de faire jouir nos sujets au sein
d'une prospérité solide, fruit de leur juste confiance
dans notre tendresse paternelle, à laquelle tous
ont les mêmes droits, et à laquelle aussi nous ai-
mons à penser qu'aucun ne refuse de croire.

A ces causes, etc. Sur le rapport de nos ministres
secrétaires-d'état aux départemens des finances, de
l'intérieur, de la marine et de la guerre, de notre
certaine science, pleine puissance et autorité royale,
nous avons ordonné et ordonnons, voulons et nous
plaît, ce qui suit :

4..

Art. 1er.

Une indemnité de six mille francs est allouée à chacun des membres de la commission consultative, dont le lieu habituel de son domicile est distant de Paris de 50 lieues ou au-delà. Celle des membres non résidant à Paris, mais dont la résidence se trouve en-deçà des 50 lieues ci-dessus, sera de cinq mille francs ; celle enfin de ceux résidant à Paris sera de trois mille francs.

Art. 2.

Les préfets des départemens prendront leurs mesures pour que des fonds suffisans soient mis en réserve dans la caisse des payeurs de leurs départemens afin que chacun des membres de la commission consultative reçoive à ladite caisse, savoir : ceux de la première catégorie du précédent article, 2,000 fr. et ceux de la seconde, 1,000 fr., à sa première réquisition et sur la seule représentation du titre, dont il sera porteur, constatant sa nomination, au dos duquel titre sera mentionné le paiement à lui fait, indépendamment de la quittance qu'il en fournira, pour la décharge du comptable.

Art. 3.

Le titre constatant la nomination consistera, pour ceux des membres nommés ou désignés, soit par notre édit même, soit par nous en conséquence de cet édit, dans la lettre de celui de nos ministres secrétaires-d'état qui lui en aura donné avis ; et pour ceux qui auront été nommés par leur corps, conformément à l'art. 9 du même édit, dans l'expédition authentique de l'acte de leur nomination.

Art. 4.

Le   du présent mois de   , nos cours royales, dans toute l'étendue du royaume, se réuniront en assemblée électorale, sous la présidence de leur premier président, à l'effet de nommer un de leurs membres au scrutin, à la pluralité absolue des voix. Nos avocats et procureurs-généraux auront droit de voter dans ladite assemblée et seront éligibles comme ses autres membres.

Art. 5.

Le même jour, se réuniront à Paris, pour faire les nominations qui leur sont attribuées par notre susdit édit, chacune des chambres de notre cour de cassation et de notre cour des comptes, les douze maires de notre bonne ville de Paris, ses notaires, ses agens-de-change, enfin toutes les académies et sociétés royales de ladite ville.

Art. 6.

Sont nommés membres de la commission consultative, nos amés et féaux les amiraux et vice-amiraux et nos cousins les maréchaux de France ou les lieutenans généraux de nos armées, dont les noms suivent : le sieur .... le sieur .....

Art. 7.

Sont également nommés membres de ladite commission nos amés et féaux les douze membres de la chambre des pairs, dont les noms suivent : les sieurs....... les sieurs...... et les douze membres de la chambre des députés également ci-après nommés.... les sieurs..... les sieurs.....

(Choisir deux membres de l'extrême gauche,

quatre du centre gauche, ces derniers, autant que possible, ne tenant pas à une coterie; et six membres de la droite les plus marquans.)

ART. 8.

Tous les membres de la commission consultative seront rendus à Paris, au plus tard, le du mois de   Dès leur arrivée, ils en aviseront, en donnant leur adresse, notre ministre de l'intérieur, qui leur fixera le jour où sera célébrée, en l'église métropolitaine de Notre-Dame, pour attirer sur la commission consultative les bénédictions de Dieu et le secours des lumières d'en haut, une messe du Saint-Esprit, à laquelle nous assisterons avec toute notre famille, et après laquelle un de nos prédicateurs ordinaires prononcera un discours sur les devoirs que devra s'imposer chaque membre de la commission, afin de concourir de tous ses moyens à fonder sur de bonnes lois la félicité de nos peuples et à calmer ou forcer du moins à se tenir dans l'ombre et à se taire les folles passions qui n'aspirent qu'à troubler la paix du royaume.

ART. 9.

Le lendemain de cette cérémonie pieuse, notre ministre de l'intérieur installera la commission consultative dans le local affecté à ses travaux, et, immédiatement après la vérification des pouvoirs de chacun de ses membres, il fera procéder à l'ouverture de la première séance. Du moment que l'assemblée aura déclaré, par l'organe de son président, que la commission consultative est régulièrement organisée, une députation nous sera envoyée pour nous en donner connaissance; ensuite de quoi nous nous rendrons dans le sein de ladite assemblée, où, avec les cérémonies et formalités d'usage, nous assisterons, assis sur notre trône, au serment que chacun des membres prêtera, en notre présence, entre les mains de notre garde-des-sceaux. Ce serment, dont une formule imprimée aura été antérieurement distribuée à chaque membre, sera de la teneur suivante :

« Je jure fidélité au Roi et à la Charte octroyée
» par Louis XVIII, comme le type éternel et né-
» cessaire de toutes les lois et constitutions du
» royaume; je promets de remplir avec zèle et avec
» loyauté les fonctions temporaires de membre de
» la commission consultative à laquelle il a plu
» au Roi de m'appeler, et de donner, en mon âme
» et conscience, sur chacune des questions qui me
» seront soumises, au nom de S. M., comme
» membre de la commission, les avis qui me sem-
» bleront le plus propres à établir les principes in-
» variables d'une législation capable de maintenir
» l'ordre public, de ramener le calme des es-
» prits, d'apaiser les passions ennemies, d'empê-
» cher la propagation des fausses et perverses doc-
» trines, et d'asseoir la stabilité de la monarchie
» sur une législation prévoyante et sagement sé-
» vère, qui mette à jamais les méchans dans l'im-
» puissance de troubler le repos des sujets fi-
» dèles. »

ART. 10.

Après ce serment, prêté par tous les membres, notre garde-des-sceaux annoncera à l'assemblée qu'à notre tour nous avons résolu de nous engager envers elle et envers nos sujets, par un serment que nous prêterons en ces termes : « Je jure de maintenir
» invariablement, comme principes fondamentaux
» du droit public, civil et privé, et même politi-

» que de ce noble pays de France ceux qui seront par
» nous proclamés tels, en conséquence des décla-
» rations de la commission consultative, sur chacu-
» ne des questions qui lui seront adressées; et de ne
» faire, sous aucun prétexte, ni à qui que ce soit,
» grâce des peines sévères qui seront établies con-
» tre quiconque oserait remettre ces principes con-
» servateurs en question, par paroles ou par écrit,
» ou de telle autre manière que ce puisse être. »

ART. 11.

Après notre sortie de la séance, laquelle aura lieu de la manière usitée à ce sujet à l'égard des chambres législatives, notre ministre de l'intérieur remettra au président les cahiers des questions que la commission consultative sera invitée à résoudre. Dès ce moment, ladite commission sera en plein exercice de ses fonctions.

ART. 12.

La commission consultative n'a pas de séances publiques; elle se divise en bureaux, suivant qu'elle le juge convenable, et forme autant de comités spéciaux qu'il y a de questions soumises à son jugement. Les ministres communiquent avec ces bureaux et avec ces comités quand bon leur semble; à leur tour, les présidens de bureaux ou de comités communiquent avec les ministres ou avec leurs bureaux, et en obtiennent tous les renseignemens, documens et éclaircissemens qu'ils peuvent désirer. Le président de la commission travaille, lorsqu'il y a lieu, avec nous-même.

ART. 13.

A la fin du premier mois, à compter de la séance royale mentionnée art. 9, 10 et 11, notre ministre des finances fera compter deux mille francs à chacun des membres de la commission non résidant à Paris, et mille francs à ceux résidant à Paris. Le solde de deux mille francs revenant, dès-lors, à chacun d'eux, pour parfaire leur indemnité, leur sera compté le lendemain de la remise des dernières réponses de la commission aux questions à elle adressées par nos ministres, chacun en ce qui le concerne. Ce paiement étant effectué, la commission sera et demeurera dissoute sans formalités.

Art. 14.

Il est interdit aux journaux de rendre compte de rien de ce qui concernera la commission consultative, sa première séance exceptée, sous peine de suspension immédiate et irrévocable jusqu'à la dissolution de la commission; et afin que cette peine ne puisse être éludée, en attendant que la future loi sur la presse ait statué sur de semblables cas, et jusqu'à la promulgation de cette loi nouvelle, nul autre journal que ceux actuellement existans le jour de l'ouverture des travaux de la commission, ne pourra être imprimé et distribué dans le département de la Seine, et dans un rayon de vingt lieues autour de ses limites, tant qu'il pourra y avoir lieu, contre les journaux existans, à la suspension ci-dessus.

Art. 15.

Nous nous réservons d'ordonner, lorsque nous le jugerons convenable, la publication des travaux de la commission consultative, et d'en faire l'usage que requerront les circonstances.

Mandons et ordonnons, etc.

DÉCLARATION DU ROI,

Portant règlement provisoire sur la presse périodique.

Charles,   etc.,

A tous ceux qui ces présentes lettres verront, salut.

Nous étant fait représenter notre édit de dernier, donné à Saint-Cloud ; nos lettres-patentes du   ; la charte octroyée par notre très cher frère et prédécesseur Louis XVIII, de glorieuse mémoire ; les diverses lois, règlemens et ordonnances royales rendus sur le fait de la presse ou de la librairie, avant et depuis la promulgation de la charte susdite, notamment la loi du 18 juillet 1828, la seule actuellement en vigueur :

Considérant à quel excès de licence abusive a été poussé l'usage de la pleine liberté que nous nous étions complu, à notre avènement, d'accorder à la presse ;

Que, de tous les essais qui ont été faits pour préserver les peuples du poison des fausses doctrines qui mettent en fermentation tout ce que le corps social renferme de germes vicieux, il n'en est aucun qui n'ait contribué à démontrer l'impossibilité d'atteindre ce but, si ce n'est en rentrant dans la stricte et littérale exécution de la charte qui, faisant de la liberté de la presse une des maximes fondamentales de notre droit public, veut, qu'à côté de cette liberté, existent des lois pour en réprimer les abus ;

Que si les fauteurs de la licence qui a attiré notre

attention dans ces derniers temps, et alarmé notre sollicitude pour le bonheur de nos sujets, qui ne sauraient le trouver au milieu des troubles que fomente cette licence, ont pu chercher, dans la charte même, un prétexte pour colorer leur prétention monstrueuse de ne pouvoir être soumis à des mesures préventives; ce n'est que d'après une mauvaise interprétation des termes les plus évidemment contraires à cette prétention, qu'ils ont pu entasser sophisme sur sophisme, pour faire, passagèrement, quelque impression sur des hommes de bonne foi;

Qu'il est de toute évidence, et que nul homme sensé ne peut voir autre chose qu'un perturbateur déclaré du repos public dans quiconque se refuserait à avouer que, réellement, il est de toute évidence que l'auguste auteur de la charte n'a pu entendre, lorsqu'il a dit que la presse serait libre, en se conformant aux lois qui doivent *réprimer* ses abus, que cette expression, *réprimer*, pourrait signifier *punir* et non pas seulement *prévenir*;

Qu'en effet, il n'aurait eu nul besoin, dans ce sens, d'accoler cette restriction à la déclaration de la liberté de la presse, puisque le premier devoir des rois étant de *punir* les crimes qu'ils n'ont pu *réprimer*, il ne lui était pas permis de croire qu'en supprimant cette restriction, il aurait consacré l'impunité de l'abus le plus pernicieux;

Que Louis XVIII n'avait pas le droit, pas plus que nous ne l'avons nous-même, ni que ne pourront l'avoir aucun de nos successeurs, de vouloir cette impunité;

Que des lois pénales auraient pu être établies après coup, lors même que la charte n'en aurait

pas fait la réserve; d'où il suit que cette réserve
était sans objet; par conséquent, n'a pas pu être
faite; et que, par conséquent encore, la *répression*
ordonnée par la charte ne doit être entendue autrement que comme une *répression préventive;*

Que cette manière de l'entendre, la seule ad-
missible, est aussi la seule conforme à la raison et
à l'intérêt social, qui s'accordent pour regretter
que des moyens de *répression* de tous les crimes
et délits ne puissent pas être employés assez généra-
lement, pour qu'il n'y ait jamais lieu à la nécessité
de les punir.

Qu'à l'égard de la presse, les légers inconvéniens
que quelques esprits trop exigeans pourraient
attribuer à un régime préventif quelconque de ses
abus, seraient sans proportion avec le bien im-
mense qui en résulterait;

Qu'en ce qui concerne la presse périodique, la
charte ayant, à son égard, gardé un silence absolu, rien ne s'oppose à ce qu'un régime spécial
la sépare de la librairie proprement dite, et lui
impose un frein démontré nécessaire par l'état fla-
grant de désordre extrême, qui nous a imposé le
devoir d'y remédier promptement, et qui nous a
déterminé à appeler à notre aide le zèle et les lumières d'une commission consultative, qui sera
chargée d'examiner plusieurs questions fondamentales, de la solution desquelles dépendra la législation durable que nous nous proposons de lui
appliquer;

Enfin, qu'en attendant que cette législation
existe, l'impuissance de celle actuellement en vigueur démontre l'urgence d'y suppléer provisoirement;

A ces causes et autres, à ce nous mouvant, sur
le rapport de notre féal et amé le sieur comte de

La Bourdonnaie, notre ministre secrétaire-d'état au département de l'Intérieur; le Conseil-d'État entendu, et en exécution de l'art. 3 de notre édit de Saint-Cloud, du mois de   dernier, nous avons dit, déclaré et ordonné, disons, déclarons et ordonnons, voulons et nous plaît:

Art. 1er.

Il sera dressé un tableau de tous les journaux ou ouvrages périodiques qui se trouveront exister et être imprimés à Paris le jour de l'ouverture des travaux de la commission consultative, créée par notre édit de   dernier.

Art. 2.

Ce tableau sera imprimé et affiché pendant huit jours, durant lesquels tout propriétaire de journal ou ouvrage périodique qui y aurait été omis, sera reçu à réclamer contre cette omission et à la faire réparer, en justifiant: 1º. qu'il a rempli toutes les conditions de la loi du 18 juillet 1828; 2º. qu'il n'a pas cessé de paraître, ce qu'il prouvera par l'exhibition de ses numéros ou livraisons, par un certificat de l'administration des postes, constatant que ses envois à ses abonnés ont eu lieu consécutivement jusqu'à la date dudit certificat, et par une attestation du chef du bureau de la librairie des dépôts faits audit bureau.

Art. 3.

Dans les trois jours qui suivront les huit jours accordés par l'art. 2, pour les réclamations, les rectifications à faire au tableau ordonné par l'article 1er. seront effectuées; et le tableau susdit sera définitivement et irrévocablement clos.

Art. 4.

Du jour de cette clôture jusqu'à la promulgation d'une loi sur la presse, remplaçant celle du 18 juillet 1828, nul journal ni ouvrage périodique, non compris sur le tableau arrêté définitivement, conformément à l'art. 3, ne pourra être imprimé et distribué dans le département de la Seine et dans la circonférence d'un rayon de vingt lieues, à partir des dernières limites de ce département, sous peine de deux ans de prison et de dix mille francs d'amende.

Art. 5.

Ce tableau sera réparti par classes, divisions, sections et spécialités. Les classes sont relatives à la nature de leur distribution plus ou moins fréquente. La première contient les journaux quotidiens; la deuxième, ceux qui paraissent plus d'une fois par semaine; la troisième, ceux dont la distribution se fait hebdomadairement; la quatrième, ceux qui paraissent par quinzaine; la cinquième, ceux qui se distribuent tous les mois; la sixième, enfin, ceux qui n'ont pas d'époque fixe de distribution. Chaque classe a deux divisions : l'une comprend les journaux ou ouvrages périodiques pouvant s'occuper de politique; l'autre ceux auxquels il est interdit d'en parler. Les sections désignent (1o.) les sciences et la littérature, ou (2o.) les beaux-arts. Les spécialités réunissent chacune les divers journaux ou ouvrages qui s'occupent d'un même objet, tels que de la médecine, de la botanique, de la musique, etc.

Art. 6.

Les journaux et ouvrages périodiques seront distribués en sept rôles, chacun desquels en contiendra, autant que possible sera, un nombre égal de chaque classe, division, section et spécialité. de telle sorte, toutefois, que chaque rôle présente une masse de lecture à-peu-près la même. Ces rôles seront numérotés depuis 1 jusqu'à 7, et seront distribués par la voie du sort les 1er. et 16 de chaque mois, à chacun des sept présidens de chambre, membres du collége de conservation de la liberté de la presse, dont il sera parlé ci-après, pour, par eux, l'examen et l'action correctionnelle de la licence où se laisseraient entraîner aucuns desdits journaux ou ouvrages périodiques, être exercés, conformément aux dispositions qui vont suivre.

ART. 7.

Nous créons, par les présentes, un collége permanent de conservation de la liberté de la presse, au moyen de quoi chacun pourra imprimer librement toutes sortes d'écrits, sous la condition de déposer à l'agence générale du collége, deux exemplaires de l'ouvrage, avant sa mise en vente, et de répondre de l'abus qu'il pourra y avoir fait de cette liberté, conformément aux lois pénales qui seront rendues à cet effet.

ART. 8.

Le collége sera composé de sept conseillers conservateurs nommés par nous à vie, et d'un nombre indéterminé d'auditeurs, qui seront nommés par notre ministre de l'intérieur, sur la présentation du collége, à la demande seule duquel ils pourront être révoqués.

ART. 9.

Chaque conseiller sera le président d'une chambre composée d'autant d'auditeurs qui seront jugés nécessaires, d'après le rapport qu'en fera le président, en séance du conseil général.

Art. 10.

Les auditeurs lisent les journaux et ouvrages périodiques qui leur sont personnellement affectés, de quinzaine en quinzaine, sur le rôle courant de leur chambre, ainsi que tous autres ouvrages à eux remis à cet effet. Ils annotent tout ce qui leur paraît plus ou moins licencieux, plus ou moins répréhensible, plus ou moins coupable, et en font chaque jour leur rapport à leur président.

Art. 11.

Chaque auditeur tient un registre particulier de ces rapports. Ce registre appartient à la chambre. Il est coté et paraphé par le tribunal civil de première instance, et il fait foi en justice, où il peut être produit, en cas de poursuite judiciaire pour délits ou crimes commis par la voie de la presse.

Art. 12.

Le président de chaque chambre statue seul sur les rapports de ses juges auditeurs, lorsqu'ils ne donnent point lieu à provocation de poursuite judiciaire. Y ayant lieu, au contraire, à cette provocation, il y est statué en conseil général. Un registre régulier, et susceptible d'être produit en justice, comme en l'art. 11, recueille les délibérations de ce genre prises par le conseil, desquelles délibérations, l'agent général du collége, qui sera nommé par nous à vie, fait, dans les vingt-quatre heures, l'envoi, accompagné de toutes les pièces y relatives, à notre procureur près le tribunal de première instance, pour, par celui-ci, les poursuites de droit être exercées contre les délinquans.

Art. 13.

A l'égard des passages des journaux ou autres ouvrages périodiques, signalés dans les rapports des auditeurs, les conseillers conservateurs pourront, lorsque ces passages ne donneront pas lieu à poursuite, ou les passer sous silence, quant à présent, ou éveiller l'attention du gérant responsable qui a laissé imprimer ce passage, en lui faisant l'invitation d'être plus attentif à surveiller ses rédacteurs ; ou enfin mander ce même gérant à jour et heure fixes, pour venir s'expliquer devant le collége sur ce passage, et sur l'intention qu'auraient les propriétaires et rédacteurs du journal de suivre ou non, à l'avenir, une telle ligne ou un tel système de rédaction, auquel, dans l'intérêt de la liberté de la presse, le collége ne pourrait s'empêcher d'opposer tous ses moyens de répression. Le gérant responsable qui fait défaut sur ce mandat en reçoit un second, et, s'il n'y obtempère pas, le collége déclare la distribution de son journal suspendue ; les conséquences de cette déclaration seront déduites ci-après.

Art. 14.

Tout journal ou ouvrage périodique dont les auteurs et gérant responsable sont traduits devant les tribunaux, en état de prévention de délit commis par la voie de la presse, perd temporairement le droit de circulation par la voie de l'administration des postes, à la faveur de la modération des frais de transport dont jouissent les imprimés. La suspension de ce droit n'est levée que par le tribunal saisi de la connaissance du délit qui l'a motivée ; et il en est fait mention dans le jugement, à moins qu'il ne décharge les prévenus de l'accusation.

Art. 15.

En cas de récidive, y ayant eu condamnation lors d'une précédente mise en prévention; indépendamment de l'empêchement qu'il mettra à l'envoi par la poste, dans les départemens, du journal ou ouvrage périodique itérativement inculpé, l'agent général du collége fera arrêter et saisir, comme distributions clandestines, en contravention aux règlemens pour le fait de la poste aux lettres, les distributions, qu'à la faveur d'une tolérance dont ils se sont rendus indignes dans le cas dont il s'agit, les propriétaires dudit journal en feraient faire dans Paris par des porteurs à gages; et ces porteurs, ainsi que lesdits propriétaires, seront déférés à notre procureur, pour être poursuivis comme ayant contrevenu aux lois concernant la poste aux lettres, et condamnés aux peines qu'il appartiendra.

Art. 16.

Pour faciliter l'exécution de l'art. ci-dessus, le préfet de police de Paris mettra à la disposition de l'agent général du collége le nombre de sergens de ville, et telle portion de sa force armée dont il sera requis.

Art. 17.

Y ayant lieu contre un journal ou ouvrage périodique à une troisième mise en prévention, deux des précédentes ayant donné lieu à condamnation, le jugement qui statuera sur l'accusation, pourra, à titre d'aggravation de peine, si une troisième condamnation s'ensuit, ne pas ordonner la levée de la suspension de sa circulation par la voie de la poste aux lettres. Dans ce cas, ledit journal ou ouvrage sera réputé supprimé et, comme tel, rayé du tableau et des rôles mentionnés art. 5

et 6; en conséquence de quoi l'art. 4 lui sera appliqué, s'il y a lieu.

Art. 18.

L'agent général du collége notifie au directeur général de l'administration des postes toutes les mises en suspension de circulation des journaux ou ouvrages périodiques, qui sont ordonnées par le collége, en vertu des art. 14, 15, 16, 17. Dès ce moment, le directeur général fait refuser, par ses bureaux, d'admettre lesdits journaux ou ouvrages périodiques à la faveur de la modération de taxe dont jouissent les imprimés, jusqu'à ce que notification lui soit faite de la levée de cette suspension.

Art. 19.

Le collége déférera à notre procureur, lorsqu'il y aura lieu, les ouvrages et imprimés non périodiques mentionnés art. 7. Là s'arrêteront ses attributions et l'action de son agent général, jusqu'à ce que la prochaine loi sur la presse, dont les bases principales doivent être posées par la commission consultative, ait remplacé celle encore en vigueur.

Art. 20.

La loi prochaine sur la presse établira une pénalité au moyen de laquelle les grands intérêts sociaux, ainsi que le repos et l'honneur des familles, soient suffisamment garantis des atteintes de l'ignorance ou de la malveillance. Des dommages et intérêts, toujours convenablement proportionnés à la gravité du délit, aux circonstances qui l'auront accompagné, à l'état des personnes offensées par des écrits qui les auront attaquées dans leur réputation, au plus ou moins de publicité que ces écrits auront reçu, et aux autres considérations de justice et d'intérêt public qu'il appartiendra, seront accordés aux parties, dans les cas où il y aura lieu, indépendamment des amendes prononcées contre les délinquans.

Le tribunal saisi de la connaissance du délit prononcera sur les dommages et intérêts par voie de simple rejet ou de simple admission des demandes qui en seront faites, renvoyant, en cas d'admission, le demandeur à se pourvoir à fins civiles devant le tribunal de première instance, pour faire fixer, contradictoirement avec le condamné, le montant des dommages et intérêts à lui alloués, lesquels ne pourront être moindres du double du maximum de la peine que le tribunal qui a jugé et puni le délit aurait pu appliquer audit condamné. Leur maximum n'aura de bornes que l'appréciation que le tribunal de 1re. instance, et, en cas d'appel, la cour royale, feront des débats qui auront lieu devant eux, à ce sujet, entre le demandeur et le défendeur.

Mandons et ordonnons   etc.

ORDONNANCE ROYALE

Portant organisation du collége permanent de conservation de la liberté de la presse.

CHARLES   etc.

A tous ceux qui ces présentes verront, salut :

Vu notre déclaration du   portant création d'un collége permanent de conservation de la liberté de la presse; sur le rapport de notre ministre secrétaire-d'état au département de l'intérieur, nous avons ordonné et ordonnons ce qui suit :

ART. 1er.

Sont nommés, à vie, présidens de la chambre du collége permanent de conservation de la liberté de la presse, et conseillers conservateurs membres

du conseil général dudit collége, le sieur......
le sieur....... le sieur....... le sieur........
le sieur...... le sieur...... et le sieur.......

Art. 2.

Le traitement de chacun des conseillers conservateurs est de quinze mille francs. Ils jouissent des mêmes rang, honneurs et prérogatives que les conseillers maîtres en notre cour des comptes. Leur costume est l'habit noir français, brodé et fleurdelisé en noir, avec rabat et manteau court à la conseillère, ayant la même broderie, chapeau à trois cornes égales à ganses d'or et bordé d'or.

Art. 3.

Le nombre des auditeurs dudit collége sera toujours divisible par douze. Ils sont distribués en trois classes, non compris les auditeurs surnuméraires aspirans, que notre ministre de l'intérieur est autorisé à adjoindre aux auditeurs en titre, à la demande du conseil général du collége, avec ou sans traitement d'expectative. La première classe comprend le quart de leur nombre total; la seconde, le tiers de ce même nombre, la troisième, les 5/12es. restant. Leur traitement est fixé, savoir: pour la première classe, à 6,000 fr. pour la seconde, à 4,000 fr.; pour la troisième à 3,600 fr.; Le traitement d'expectative des surnuméraires auxquels il en sera accordé ne pourra excéder 2,400 fr.; ni être moindre de 1,200 fr.; Le costume des auditeurs sera l'habit noir brodé en noir au collet et aux paremens seulement, à demi-dimension de la broderie des conseillers conservateurs, avec manteau court brodé de même, chapeau à trois cornes égales bordé et gansé en noir. Les surnuméraires aspirans portent l'habit et le manteau noirs, sans broderie. Le chapeau seul est conforme à celui des auditeurs.

Art. 4.

Est nommé à vie agent général du collége, le
sieur.........

Art. 5.

Le traitement de l'agent général du collége est
de vingt mille francs. Son costume est le même que
celui des conseillers conservateurs dont les rang,
honneurs et prérogatives lui sont communs. Il a
son logement dans le collége.

Art. 6.

L'agent général est chargé de toute l'administration matérielle du collége, sous l'autorité immédiate de notre ministre de l'intérieur, auquel il en
rend compte, ainsi qu'il sera prescrit par le règlement d'administration qui, sur son rapport, sera
arrêté par notre ministre susdit. Il tient la plume,
comme secrétaire du conseil général du collége,
dans toutes les réunions de ce conseil.

Art. 7.

Quatre membres de la Chambre des pairs et
quatre membres de la Chambre des députés, dont
la moitié nommés par nous, et l'autre moitié nommés par chacune desdites Chambres, en ce qui la
concerne, sont adjoints au collége comme membres
de son conseil général. Leurs fonctions durent
d'une session à l'autre, du jour de leurs nominations
jusqu'à celles de leurs successeurs.

Art. 8.

Le collége n'ayant d'abord aucune action préventive sur la presse, d'après notre déclaration
du   , les fonctions des membres
de la Chambre des pairs et de celle des députés,
adjoints au conseil général seront les mêmes que
celles des conseillers conservateurs. Elles pour-

ront être étendues et même changer de nature
si, par le résultat des travaux de la commission
consultative établie par notre édit de Saint-Cloud du
mois de   dernier, la future législation sur la presse établit un régime préventif quelconque dont le collége serait chargé de seconder
l'action. Dans ce cas, les dispositions de notre présente ordonnance recevront les modifications auxquelles il y aura lieu.

ART. 9.

Jusqu'à la prochaine réunion des Chambres législatives, le conseil général du collége ne sera provisoirement composé que des sept conseillers conservateurs, de deux membres de la Chambre des
pairs et autant de celle des députés laissés à notre
nomination par l'art. 7. Sont nommés à cet effet,
adjoints audit conseil général, les sieurs..........
et....... pairs de France, et les sieurs.....
et ...... membres de la Chambre des députés.

Notre ministre de l'intérieur est chargé de l'exécution de notre présente ordonnance, laquelle
sera insérée au Bulletin des lois,   etc.

PETIT POST-SCRIPTUM.

J'ai été tenté d'ajouter un chapitre à cet écrit.

Mon projet était de rédiger pour nos sept ministères la série des questions que chacun d'eux aurait
à soumettre à la commission consultative, supposée
en activité, et de donner, par continuation de cette
fiction rassurante :

1º. Le procès-verbal d'installation de cette commission, contenant le discours du Roi et la réponse
de son président, monseigneur le chancelier de
France ;

2º. L'allocution de Mgr. le garde-des-sceaux, pour

présenter à la commission la série complète des questions à elle proposées par chaque ministère;

3º. Un précis sommaire des discussions de chaque bureau sur ces questions, et les réponses arrêtées sur chacune d'elles;

4º. Le rapport fait en séance générale, au nom d'une commission composée de deux membres de chaque bureau, contenant le résumé général des travaux de la commission consultative, et le procès-verbal de cette dernière séance, levée aux cris unanimes de vive le Roi! vive Charles le bien-aimé! vive le sage pacificateur de la France!

5º. Le discours d'ouverture de la session législative prononcé par le Roi devant les deux Chambres réunies, pendant l'existence même de la commission consultative;

6º. L'adresse, en réponse au discours du Roi, de chacune de ces chambres, exprimant un même sentiment de satisfaction et de reconnaissance au sujet des mesures provisoires prises par Sa Majesté, pour arrêter le cours scandaleux de la licence de la presse;

7º. L'édit par lequel le Roi proclame comme bases de notre droit public celles des décisions de la Chambre consultative que, dans sa sagesse, Sa Majesté a jugé à propos d'ériger en principes de son gouvernement monarchique et consultatif, et met, en conséquence, à compter de la date de cet édit et sans limitation de terme, ces principes hors de toute discussion directe ou indirecte;

8º. Les projets de lois dont Sa Majesté a cru convenable de puiser les motifs ou le texte dans d'autres décisions de la même commission, non comprises en l'édit ci-dessus.

9º. Les ordonnances royales par lesquelles elle

statue sur tout ou partie de celles restantes qui lui ont paru mériter d'être prises en considération;

10°. La loi protectrice de la liberté de la presse, telle que la charte l'a instituée, par dérogation à l'ordonnance royale de 1745, d'après laquelle il est défendu de rien imprimer concernant le gouvernement, cette loi comprenant la liste d'un très petit nombre de journaux dont l'impression et la distribution sont permises, détaillant les conditions auxquelles l'adjudication en sera faite, à la chaleur des enchères, pour un temps qui n'excédera pas quinze ans, et déterminant les capacités morales, politiques et civiles qu'auront à réunir tous les prétendans pour être admis à enchérir;

11°. La loi qui abolit la contrainte par corps pour dettes, dont le commerce ne fait aucun usage, et qui, favorisant la folle prodigalité d'une jeunesse sans expérience, ne sert, à peu d'exceptions près, qu'à entretenir un grand nombre de pères de famille dans un état continuel d'alarmes, à la vue des séductions de toute espèce qui environnent leurs enfans, dont la cupidité des usuriers, poussée à ce scandale et protégée dans ses odieuses manœuvres par une législation absurde, épie les premières passions pour les exploiter aux dépens de la tendresse paternelle;

12°. Le nouveau règlement de la Chambre des députés, d'après lequel, l'art. 45 de la charte étant obéi dans toute sa simplicité littérale, la tribune aux harangues n'est plus accessible qu'aux orateurs du gouvernement, chargés de soutenir les projets de lois présentés par le Roi, qu'aux rapporteurs des commissions chargées d'en faire l'examen et d'en soutenir la discussion dans les bureaux, et qu'aux ministres ayant quelques observations à faire pendant les débats ouverts entre les rapporteurs et les commissaires du gouvernement.

Dans l'exaltation de mes idées qui nécessairement avaient dû s'efforcer de s'élever au niveau d'un travail de si haute importance, non seulement cette tâche ne m'avait pas semblé d'abord au delà de mes forces ; mais encore le rêve extraordinaire que je fis, il y a quarante-deux ans, à Perpignan, et que je raconte dans mes Mémoires historiques, tome II, page 129, s'étant subitement réveillé dans mon souvenir, d'où il était entièrement effacé depuis si long-temps, je m'étais un moment laissé aller jusqu'à trouver possible que la Providence, qui m'a protégé contre tant de périls que j'ai affrontés depuis 1789, pour la cause de Dieu et du Roi, m'ait destiné, dès-lors, à assister au dernier acte de la CONTRE-RÉVOLUTION, pour y jouer un rôle actif, ne voulant pas que je fusse étranger à ce grand événement, afin que ma vieille fidélité et mon inrebutable dévoûment eussent leur récompense au bout de ma carrière.

Un souvenir en appelle presque toujours un autre. Cette illusion, capable d'enivrer même une tête plus froide que la mienne, s'accrut encore lorsque, également à l'occasion du dessein dont j'étais occupé, je me rappelai le moment où, ayant eu, à Véronne, l'honneur d'assister à un déjeûner du Régent de France, à la suite du récit d'un acte de ma vie militante, qui l'avait déjà intéressé et qu'il me fit répéter, plusieurs de ses gentilshommes ne l'ayant pas encore entendu, Son Altesse Royale se leva de table, et posant d'une main sa serviette, de l'autre me frappant sur l'épaule, dit, en présence de toute sa cour : « Messieurs, si nous avions eu dans chaque » principale ville cinquante jeunes gens comme » celui-là (j'avais alors trente-cinq ans), la révo-

» lution n'eût pas été si loin. » (Voir mes Mém. hist., tome III, page 94.)

C'est sous l'inspiration de ces deux souvenirs, que mon imagination s'échauffe pour mettre à exécution le plan que je viens de tracer, et j'étais déjà préparé à mettre la main à la plume pour cela ; mais après y avoir réfléchi pendant vingt-quatre heures, effrayé de l'abondance de mon sujet qui aurait triplé, tout au moins, le volume de cette brochure, j'ai senti ma tête se calmer, et je me suis renfermé dans mon premier dessein de ne donner au public que ce que j'ai réellement envoyé le 25 août à un de nos ministres, à quoi j'ai seulement ajouté quelques notes signées N. N. (*notes nouvelles*), celles qui font partie de mon premier travail étant distinguées des autres par cet astérisque *.

J'avoue que je me serais complu à pouvoir re-mâcher plus long-temps l'idée d'avoir été, dès 1787, prédestiné par la Providence à jouer, quarante-deux ans plus tard, un rôle actif, lorsque le jour serait venu d'ÉCRASER L'INFAME, au moment même où il lui semblerait n'avoir plus qu'un effort à faire pour ressaisir son sceptre de plomb, et pour courber de nouveau la France, et après le reste du monde, sous le poids ignominieux de sa féroce tyrannie.

Mais pouvais-je m'arrêter sérieusement à cette idée, à moins de m'aveugler au point d'attribuer à deux minces brochures, soit la vertu de convertir des gens qui ne veulent pas l'être, des gens qui n'admettent pas qu'aucun raisonnement quelconque mérite de leur part la moindre attention, leur parti étant arrêté irrévocablement, quelque honte qu'on puisse leur en faire, de n'écouter que l'aveugle passion qui les mène à un précipice, même lors-qu'ils parviendraient à nous y jeter les premiers ; soit le pouvoir de fixer l'attention du gouvernement, absorbée par tant d'autres objets, et de lui servir, d'abord de stimulant, et ensuite de manuel, pour guérir radicalement les deux maladies inflammatoires qui nous dévorent, *la fausse direction donnée à l'exercice du droit d'élection*, et *la licence de la presse*.

Tout dans ce monde est affaire de position.

Il est passé ce temps où Louis XVIII pouvait croire que cinquante jeunes gens d'une trempe un peu forte eussent été nécessaires dans chaque principale ville, pour empêcher la révolution de gagner autant de terrain qu'elle en avait déjà envahi en 1794.

Nous sommes même beaucoup plus avancés en CONTRE-RÉVOLUTION que nous ne l'étions, il y a dix ans, lorsque, enrôlé dans la phalange *contre-révolutionnaire* et faisant une guerre franche à la révolution, M. de Châteaubriand ne demandait, pour ÉCRASER L'INFAME, que sept hommes par département.

Aujourd'hui, grâce à la lassitude universelle, d'où un besoin universel de se reposer dans les bras de la royauté, un bras d'Hercule opérerait à lui seul ce grand œuvre.

Mais nous ne sommes pas dans les temps héroïques : plusieurs hommes sont donc indispensables pour remplacer le demi-dieu ; et sept (non plus dans chaque ville, non plus dans chaque département, mais seulement dans la France entière), sept, dis-je, *s'ils le veulent bien et s'ils s'entendent bien*, surpasseront le fils de Jupiter, en effaçant d'un seul coup jusqu'à la trace des ravages qu'a faits chez nous l'hydre aux cent têtes, si témérairement ressuscitée par l'ordonnance du 5 septembre.

Lorsqu'en 1816, M. Corvetto fut informé que le feu roi m'avait ordonné d'aller me désister d'une préfecture que M. de Vaublanc se disposait à me donner, et d'attendre la réorganisation de la Caisse d'amortissement, dont Sa Majesté avait daigné m'annoncer, de sa bouche, qu'elle me réservait la direction; si ce ministre des finances n'avait pas, à dessein, fait traîner en longueur le facile travail de cette réorganisation pendant six mois qui furent employés à mettre en jeu mille moyens d'intrigue, dans le sens du système récemment adopté d'écarter les royalistes de tous les emplois (voir mes Mém. hist., tome IV, page 302); il n'aurait pas pu me paraître trop étrange aujourd'hui de supposer, dans mon songe de 1787, autre chose que le mouvement machinal et insignifiant d'un cerveau vaporeux (aussi bien le mien ne l'est guère!), et d'y lire plutôt la prévision assez claire d'un avenir très éloigné qui se serait réalisé, après quarante-deux ans, par la position où je me trouverais au dénoûment d'une *révolution* INFAME, de satisfaire au vœu de ma haine éternelle, en lui portant les derniers coups.

Ce bonheur n'est pas cependant aussi loin de moi qu'on pourra d'abord croire que je le pense d'après le regret que je viens de manifester de ce que les bonnes intentions de Louis XVIII, à mon égard, ayent été paralysées comme elles le furent, en 1816, par une vaste intrigue qui sût proportionner ses moyens de me fermer toutes les avenues, à l'évidence de mes droits à une confiance sans bornes de la part du gouvernement royal, et à l'importance des services que, depuis 1789, je n'ai cessé de rendre à la cause sacrée; services qu'on n'a payés que par de lâches calomnies, uniquement, sans doute, parce qu'on les a trouvés trop difficiles à récompenser.

La restauration semble, depuis quinze ans, avoir

pris à tâche de me forcer à justifier ses rigueurs envers moi par une apostasie dont je fus et serai éternellement incapable. Je ne vais bientôt plus avoir à m'occuper que de régler mes comptes avec elle, et ce dernier travail, dont je rassemble déjà les nombreux et intéressans matériaux, me mettra dans une position, à beaucoup d'égards plus favorable encore que ne l'eût été celle que m'a refusée M. Corvetto, pour prendre part au combat à mort qui se prépare entre la *contre-révolution* et la *révolution*, et à la gloire du triomphe qu'obtiendra infailliblement *le drapeau blanc de la fidélité* sur *les enseignes tricolores de la révolte*.

Les deux brochures que je viens de publier, ou que je publie aujourd'hui, n'eussent-elles d'autre mérite que d'avoir précédé de très près le signal de cette bataille décisive, où l'ennemi n'attendra pas le premier choc pour jeter ses armes à terre et se rendre à merci, je m'estimerai trop heureux, quels qu'en soient les effets ultérieurs, d'avoir pu saisir si à propos le moment d'offrir à mon prince et à mon pays ce dernier gage de mon vieux dévoûment.

Ce sera le dernier, sans doute; car ne prétendant après la victoire à rien autre chose qu'à l'honneur d'avoir combattu en vétéran qui n'a pas plus oublié son métier qu'il n'a perdu de son ardeur guerrière; je suis d'avance certain, cette victoire infaillible obtenue, que je n'aurai plus qu'à en jouir paisiblement, comme tous les autres Français, soulagés désormais des misères de l'esprit de parti, comme ils le furent sous Buonaparte....

Ce nom se replace ici sous ma plume, je ne saurais trop dire pourquoi; j'allais l'effacer, et déjà je cherchais une autre fin de ma dernière phrase.... mais voilà qu'il m'arrive un ancien colonel de l'armée de Condé, lequel me fournit une anecdote infiniment précieuse à recueillir et qu'il n'aurait pas songé à me donner, si ce nom dont il me trouve embarrassé ne la lui avait pas rappelée. Je le conserve donc par reconnaissance, et l'anecdote qu'il m'a fourni l'occasion de donner à mes lecteurs clôturera ce PETIT POST-SCRIPTUM.

Ce colonel, M. D..... ancien ami de collége du roi régnant de Suède, son compatriote, m'autorise à le nommer, au besoin, comme prêt à soutenir l'authenticité de cette anecdote, dont il est en état de fournir la preuve.

Se trouvant, en 1814, en Allemagne, lorsque la famille royale préparait sa rentrée en France, son ancien ami voulut l'empêcher de suivre son roi, pour le retenir près de lui, lui offrant du service dans son armée. Sur son refus, il lui ordonna de compter toujours sur son amitié, et de considérer la Suède comme sa patrie, si jamais, par quelque circonstance funeste, le feu de la révolution venait à se rallumer de nouveau en France, ce qu'il ne supposait pas tout-à-fait impossible, tout dépendant, pour cela, selon lui, de la manière dont Louis XVIII débuterait en remontant au trône de ses pères.

« A ce sujet, dit le roi de Suède à son ami, j'ai
» eu une conférence sérieuse avec ce prince : je lui
» ai peint les révolutionnaires d'après la connais-
» sance parfaite que j'ai de leurs mœurs et de leur
» génie. La révolution, lui ai-je dit, n'a de har-
» diesse que devant qui la craint ; et le moyen de
» vivre en paix avec elle, pour ceux à qui une
» telle paix peut sourire, n'est pas de répondre à
» ses exigences.

» Buonaparte, en lui refusant tout, l'a tuée.

» C'est ainsi que la rage d'un incendie, avec le-
» quel, d'ailleurs, une révolution a tant d'autres

» traits de ressemblance, s'apaise d'elle-même à
» mesure qu'il ne trouve plus d'alimens, et qu'il
» s'éteint bientôt, aussitôt qu'on a coupé ses com-
» munications avec ce qui pourrait lui en fournir.

» Vous allez, Sire, rentrer dans vos états : mes
» vœux bien sincères pour votre bonheur et pour
» le bonheur de la France vous y suivront; mais
» souffrez que mon zèle pour vous se manifeste par
» le conseil que ma vieille expérience va se per-
» mettre de vous donner.

» C'est Buonaparte qui, lui-même, a frayé la
» route qui va vous rendre aux vœux de vos sujets
» fidèles. Avant que Votre Majesté pût y songer
» raisonnablement, il fallait que la révolution fût
» usée, amortie, étouffée. Buonaparte s'est chargé
» de ce soin, plus facile qu'on ne le pense; son
» rapide et profond succès en a fourni la preuve.
» Gardez-vous, Sire, de la ressusciter! Recevez
» votre France des mains de votre précurseur telle
» qu'il vous l'a façonnée : ayez vos hommes à vous,
» comme il eut ses hommes à lui; cela est juste,
» conséquent et dicté par la prudence la plus vul-
» gaire ; mais, pour ce qui regarde les choses,
» laissez-les telles qu'elles sont, et retenez ceci
» comme maxime applicable à tous les temps et,
» plus particulièrement, à la suite de la révolution
» dont Buonaparte vous a débarrassé : pour gou-
» verner la France comme elle a besoin de l'être,
» pour son propre bonheur, il faut une main de
» velours et un bras de fer.

BIBLIOTHÈQUE ROYALE

www.ingramcontent.com/pod-product-compliance
Lightning Source LLC
Chambersburg PA
CBHW061749050726
47598CB00002B/649